POLÍTICAS
DA INIMIZADE
Achille Mbembe

POLÍTICAS DA INIMIZADE
título original: *Politiques de l'inimitié*
Achille Mbembe

© Achille Mbembe, 2020
© n-1 edições, 2020
ISBN 978-65-86941-17-3

Embora adote a maioria dos usos editoriais do âmbito brasileiro, a n-1 edições não segue necessariamente as convenções das instituições normativas, pois considera a edição um trabalho de criação que deve interagir com a pluralidade de linguagens e a especificidade de cada obra publicada.

COORDENAÇÃO EDITORIAL Peter Pál Pelbart e Ricardo Muniz Fernandes
DIREÇÃO DE ARTE Ricardo Muniz Fernandes
TRADUÇÃO Sebastião Nascimento
ASSISTÊNCIA EDITORIAL Inês Mendonça
EDIÇÃO EM LATEX Paulo Henrique Pompermaier
PREPARAÇÃO Clarissa Melo
REVISÃO Flavio Taam
CAPA E PROJETO GRÁFICO Érico Peretta

A reprodução parcial deste livro sem fins lucrativos, para uso privado ou coletivo, em qualquer meio impresso ou eletrônico, está autorizada, desde que citada a fonte. Se for necessária a reprodução na íntegra, solicita-se entrar em contato com os editores.

AMBASSADE DE FRANCE AU BRÉSIL
Liberté
Égalité
Fraternité

Este livro, publicado no âmbito do Programa de Apoio à Publicação 2018 Carlos Drummond de Andrade da Embaixada da França no Brasil, contou com o apoio do Ministério da Europa e das Relações Exteriores | *Cet ouvrage, publié dans le cadre du Programme d'Aide à la Publication 2018 Carlos Drummond de Andrade de l'Ambassade de France au Brésil, bénéficie du soutien du Ministère de l'Europe et des Affaires Etrangères*

2ª reimpressão | Janeiro, 2023
n-1edicoes.org

POLÍTICAS DA INIMIZADE

Achille Mbembe

tradução **Sebastião Nascimento**

n-1 edições

Para Fabien Éboussi Boulaga,
Jean-François Bayart e Peter L. Geschiere

Introdução
11 **O rascunho do mundo**

Capítulo 1
25 **A saída da democracia**
Reviramento, inversão e aceleração
O corpo noturno da democracia
Mitológicas
A consumação do divino
Necropolítica e relação sem desejo

Capítulo 2
75 **A sociedade da inimizade**
O objeto perturbador
O inimigo, esse Outro que eu sou
Os condenados da fé
Estado de insegurança
Nanorracismo e narcoterapia

Capítulo 3
111 **A farmácia de Fanon**
O princípio da destruição
Sociedade de objetos e metafísica da destruição
Medos racistas
Descolonização radical e um festival da imaginação
A relação de cuidado
O duplo espantoso
A vida em seu fim

Capítulo 4
169 **Este meio-dia abrasador**
Impasses do humanismo
O Outro do ser humano e as genealogias do objeto
O mundo zero
Antimuseu
Autofagia
Capitalismo e animismo
Emancipação dos vivos

Conclusão
205 **A ética do passante**

_INTRODUÇÃO

O RASCUNHO DO MUNDO

Segurar na mão um livro não basta para saber tirar proveito dele. De início, desejávamos escrever um que de modo nenhum estivesse envolto em mistério. No fim das contas, chegamos a um breve ensaio feito de sombreamentos esboçados, de capítulos paralelos, de traços mais ou menos descontínuos, de pinceladas, de gestos vívidos e súbitos, quando não de sutis movimentos de recuo seguidos de bruscas reviravoltas.

É verdade que o tema, áspero, em nada se prestava ao som do violino. Bastaria, pois, sugerir a presença de um osso, de uma caveira ou de um esqueleto no corpo do elemento. Esse osso, essa caveira e esse esqueleto têm nomes: o repovoamento da Terra, o abandono da democracia, a sociedade da inimizade, a relação sem desejo, a voz do sangue, o terror e o antiterror enquanto remédio e veneno da nossa era (capítulos 1 e 2). O melhor meio de se chegar a esses diferentes esqueletos foi engendrar uma forma que não fosse frouxa, mas rija e carregada de energia. Seja como for, eis aqui um texto sobre cuja superfície o leitor pode deslizar livremente, sem nenhum controle de documentos nem visto de entrada. Pode nele permanecer pelo tempo que quiser, movimentar-se à vontade, entrar e sair a qualquer momento, por qualquer porta. Pode seguir em qualquer direção, mantendo em relação a cada um de seus termos e a cada uma de suas afirmações o mesmo distanciamento crítico e, se necessário, uma pitada de ceticismo.

Todo ato de escrita implica, na verdade, o emprego de uma força ou de uma dissonância, que aqui chamamos de elemento. No caso em questão, trata-se de um elemento bruto e de uma força renhida, uma força muito mais de separação do que de reforço do vínculo — uma força de cisão e de real isolamento, aplicada exclusivamente sobre si mesma e que busca se eximir do resto do mundo ao mesmo tempo que almeja, em última instância, assegurar o domínio sobre ele. De fato, a reflexão a seguir tem por objeto o retorno da relação de inimizade a uma escala global, assim como suas múltiplas reconfigurações nas condições atuais. O conceito platônico de *phármakon*, a ideia de um medicamento que atua simultaneamente como remédio e veneno, constitui seu eixo central. Apoiando-se parcialmente na obra política e psiquiátrica de Frantz Fanon, será exposto como, na esteira dos conflitos da descolonização, a guerra (sob a égide da conquista e da ocupação, do terror e da contrainsurgência) se tornou, desde o final do século XX, o sacramento da nossa época.

Por sua vez, essa transformação desencadeou movimentos passionais que, pouco a pouco, levaram as democracias liberais a endossar hábitos outrora excepcionais, a praticar em lugares distantes ações incondicionadas e a querer exercer a ditadura contra si mesmas e contra seus inimigos. Interpelam-se, entre outras coisas, as consequências dessa inversão e os novos termos em que se coloca agora a questão das relações entre a violência e a lei, entre a norma e a exceção, entre o estado de guerra, o estado de segurança e o estado de liberdade. Num contexto de estreitamento do mundo e de repovoamento da Terra em decorrência dos novos ciclos de circulação populacional, este ensaio não se esforça apenas em abrir novos caminhos para uma crítica dos nacionalismos atávicos, mas se interroga também, de forma indireta, a respeito de quais poderiam ser os fundamentos de uma genealogia comum e, por conseguinte, de uma política do vivente que vá além do humanismo.

Esse processo possui genealogia e nome: a corrida rumo à separação e à *dissociação*. Esta se desenvolve num cenário de angústia do aniquilamento. De fato, são inúmeros hoje os que foram tomados pelo medo. Temem ter sido invadidos e de estarem a ponto de desaparecer. Povos inteiros têm a impressão de terem chegado ao fim dos recursos necessários para continuar a assumir sua identidade. Acreditam não haver mais exterior e que, para se protegerem da ameaça e do perigo, precisam multiplicar clausuras. Não querendo se lembrar de mais nada, muito menos de seus próprios crimes e transgressões, engendram objetos maus que acabam por efetivamente assombrá-los e dos quais passam a tentar violentamente se desfazer.

Possuídos pelos gênios malignos que incessantemente inventaram e que, numa espetacular reviravolta, hoje os assolam, eles agora se colocam questões mais ou menos similares àquelas com que tiveram de se deparar, não muito tempo atrás, tantas sociedades não ocidentais apanhadas nas malhas de forças muito mais destrutivas: a colonização e o imperialismo.[1] Em vista de tudo o que vem ocorrendo, poderá ainda o Outro ser considerado meu semelhante? Levados aos extremos, como é o nosso caso aqui e agora, no que precisamente se assentam a minha humanidade e a dos outros? Se o peso do Outro se tornou tão esmagador, não valeria mais a pena que minha vida não mais estivesse vinculada à sua presença, tampouco a sua à minha? Por que devo eu, contra tudo e contra todos, e apesar de tudo, velar por outra pessoa, acercando-me ao máximo de sua vida, se ela, em contrapartida, visa apenas a minha ruína? Se, em última instância, a humanidade

1. Chinua Achebe, *Le Monde s'effondre*. Paris: Présence africaine, 1973. [Ed. ing.: *Things Fall Apart*. Londres: Heinemann, 1958; ed. bras.: *O mundo se despedaça*, trad. de Vera Queiroz da Costa e Silva. São Paulo: Companhia das Letras, 2009].

existe apenas na medida em que está no mundo e é do mundo, como fundar uma relação com os outros que esteja baseada no reconhecimento recíproco da vulnerabilidade e da finitude que nos são comuns?

Claramente, já não se trata de ampliar o círculo, mas de fazer das fronteiras formas primitivas de afastamento dos inimigos, intrusos e estrangeiros, de todos os que não sejam dos nossos. Em um mundo que mais do que nunca se caracteriza por uma redistribuição desigual das capacidades de mobilidade e no qual se mover e circular representam para muitos a única chance de sobrevivência, a brutalidade das fronteiras passa a ser um dado fundamental do nosso tempo. As fronteiras não são mais lugares que se atravessam, mas linhas que separam. Nesses espaços mais ou menos miniaturizados e militarizados, supõe-se que tudo se imobilize. São incontáveis os homens e mulheres que neles encontram seu fim, deportados, quando não simplesmente vítimas de naufrágios ou eletrocutados.

O princípio da igualdade é refutado tanto pela lei da origem comum e da comunidade de estirpe quanto pelo fracionamento da cidadania e sua decomposição em cidadania "pura" (a dos autóctones) e cidadania hipotecada (que, já por si só precária, dificilmente estará a salvo da antecipação da caducidade). Diante das situações perigosas, tão típicas da nossa época, a questão, ao menos aparentemente, não é mais saber como conciliar a fruição da vida e da liberdade com o conhecimento da verdade e a solicitude para com outro além de si. A questão daqui em diante será saber como, numa espécie de erupção primitiva, atualizar a vontade de poder utilizando meios em parte cruéis e em parte virtuosos.

Assim, a guerra se inscreveu como fim e como necessidade não só na democracia, mas também na política e na cultura. Tornou-se remédio e veneno, nosso *phármakon*. A transformação da guerra em *phármakon* de nossa época, em contrapartida, liberou paixões funestas que, pouco a pouco, têm forçado nossas sociedades para fora da democracia e a se transformarem em sociedades da inimizade, como ocorreu sob a colonização. Essa reintrodução global da relação colonial e suas múltiplas reconfigurações nas condições atuais não poupa sequer as sociedades no Hemisfério Norte. A guerra contra o terror e a instituição de um "estado de exceção" em escala mundial apenas amplificam isso.

Ora, quem hoje poderia seriamente tratar da guerra enquanto *phármakon* do nosso tempo sem invocar Frantz Fanon, à sombra de quem foi escrito este ensaio? A guerra colonial — pois é sobretudo dela que falamos — finalmente é vista, se não como a matriz sem última instância do *nomos* da Terra, pelo menos como um dos meios privilegiados de sua institucionalização. Além de guerras de conquista e de ocupação e, sob muitos aspectos, guerras de extermínio, as guerras coloniais também foram simultaneamente guerras de sitiamento, guerras de intrusão e guerras raciais. Mas como esquecer que tinham igualmente aspectos de guerras civis, guerras de defesa, quando não ocorria de as guerras de libertação invocarem, por sua vez, as guerras chamadas "de contrainsurgência"? Na verdade, a confluência de guerras encadeadas umas às outras, causa e consequência umas das outras, foi a razão pela qual tanto terror e tamanhas atrocidades ocasionaram. Foi a razão também de provocarem, nos homens e mulheres que as sofreram ou que delas participaram, ora a crença numa ilusória onipotência, ora o pavor e a dissipação pura e simples da sensação de existir.

Como a maior parte das guerras contemporâneas — a guerra contra o terror e as diversas formas de ocupação nela contempladas —, as guerras coloniais eram guerras de extração e de predação. De ambos os lados, do lado dos vencidos assim como do lado dos vencedores, elas levaram invariavelmente à ruína de algo irrepresentável, quase sem nome, tão difícil de pronunciar

— como é que se reconhece, por meio do rosto do inimigo que se tenta abater, mas de quem também se poderia tentar tratar as feridas, uma outra face do humano em sua plena humanidade e, portanto, semelhante à nossa (capítulo 3)? Elas liberaram forças passionais que, em contrapartida, decuplicaram a capacidade de desunião entre as pessoas. A alguns obrigaram que confessassem mais abertamente do que no passado seus desejos mais reprimidos e se comunicassem mais diretamente do que antes com seus mitos mais obscuros. A outros ofereceram a possibilidade de despertar de seu sono abissal, de experimentar, talvez pela primeira e única vez, o poder de ser parte do mundo circundante e de, nesse processo, aturar a própria vulnerabilidade e a própria insuficiência. Outros, por fim, brutalmente expostos ao sofrimento de terceiros desconhecidos, deixaram-se ser tocados e afetados. Esses, diante da súplica de incontáveis corpos sofredores, subitamente escaparam ao círculo da indiferença, dentro do qual até então se encontravam murados.

Diante do poder colonial e da guerra homônima, Fanon compreendeu que não havia sujeito que não fosse vivente (capítulo 3). Enquanto tal, o sujeito se encontrava de saída aberto ao mundo. Era compreendendo a vida dos outros viventes e dos não viventes que ele compreendia a sua, que ele próprio existia como forma viva e que ele podia, desde logo, corrigir a assimetria da relação, introduzir nela uma dimensão de reciprocidade e prestar cuidados à humanidade. De outro lado, Fanon considerava o gesto de prestação de cuidados como uma prática de ressimbolização na qual sempre se imbricava a possibilidade de reciprocidade e mutualidade (o encontro genuíno com os outros). Ao colonizado que recusava ser castrado aconselhava dar as costas à Europa, isto é, começar por si mesmo, colocando-se de pé, fora das categorias que o mantinham prostrado. A dificuldade não era somente ter sido designado a uma raça, mas ter interiorizado os termos dessa designação, chegando ao ponto de desejar a castração e de se tornar seu cúmplice. Pois a ficção que o Outro havia fabricado a seu respeito, em tudo ou quase tudo, incitava o colonizado a habitá-la como sua própria pele e sua verdade.

Ao oprimido que tentava se livrar do fardo da raça, Fanon propunha, pois, um longo caminho de cura. Cura essa que começava pela via e no seio da linguagem e da percepção, pelo conhecimento dessa realidade fundamental segundo a qual se tornar humano no mundo era aceitar ser exposto ao outro. A cura se operava por meio de um colossal trabalho sobre si mesmo, por meio de novas experiências do corpo, do movimento, do estar junto (ou seja, da comunhão), como esse fundo comum daquilo que o ser humano tem de mais vivo e mais vulnerável, e eventualmente por meio do exercício da violência. Violência essa dirigida contra o sistema colonial. Uma das peculiaridades desse sistema era manufaturar uma gama de sofrimentos que não produziam como resposta nem assunção de responsabilidade, nem solicitude, nem simpatia e, com frequência, nem mesmo a piedade. Pelo contrário, tudo era posto em prática para embotar em todos qualquer capacidade de sofrer por causa do sofrimento dos indígenas ou de ser afetado por ele. Mais ainda, a violência colonial tinha por função captar a força do desejo no subjugado e desviá-la para investimentos improdutivos. Fingindo querer o bem do indígena em lugar dele, o aparato colonial não buscava apenas bloquear seu desejo de viver. Visava também atingir e restringir sua capacidade de considerar a si mesmo como agente moral.

Era a essa ordem de coisas que se opunha decididamente a prática política e clínica de Fanon. Mais que qualquer outro, ele havia colocado o dedo na ferida de uma das grandes contradições herdadas da Era Moderna, mas que sua época custava a desvendar. O amplo movimento de repovoamento do mundo, inaugurado no início dos tempos modernos, foi viabilizado por uma "apropriação de terras" em massa (a colonização), numa escala e graças a técnicas nunca vistas na história da humanidade. Longe de levar a uma globalização da democracia, a corrida pelas novas terras desembocou em um novo direito (*nomos*) da Terra, cuja principal característica era consagrar a guerra e a raça como os dois sacramentos privilegiados da história. A sacramentação da guerra e da raça nos altos-fornos do colonialismo fez com que servissem simultaneamente de antídoto e de veneno da modernidade, seu duplo *phármakon*.

Nessas condições, pensava Fanon, a descolonização enquanto evento político *constituinte* não podia de modo nenhum se privar da violência. Em todo caso, como força ativa primitiva, ela pré-datava seu advento. A descolonização consistia em colocar em movimento um corpo animado, capaz de se explicar exaustivamente e de se lançar num choque irrefreado contra tudo aquilo que, sendo-lhe anterior e externo, o impedia de se abater sobre sua própria concepção. Contudo, por mais criativa que pudesse ser, a violência pura e ilimitada não era totalmente imune a uma possível cegueira. Bloqueada numa repetição estéril, ela podia a todo momento se degenerar e ver sua energia colocada a serviço da destruição pela mera destruição.

Por sua vez, o gesto medicinal não tinha como função precípua a erradicação absoluta da doença ou a supressão da morte e o advento da imortalidade. A pessoa enferma era o ser humano sem família, sem amor, sem relações humanas e sem comunhão com uma comunidade. Era o ser humano privado da possibilidade de um encontro genuíno com outros seres humanos, com os quais ele não compartilhava, *a priori*, laços de ascendência ou de origem (capítulo 3). Esse *mundo das pessoas sem laços* (ou das pessoas que aspiram somente a manter distância dos outros) ainda perdura entre nós, ainda que com configurações que constantemente se alteram. Perdura entre nós nos meandros do antissemitismo ressurgente e de seu correlato mimético, a islamofobia. Perdura entre nós sob a forma do desejo de apartheid e de endogamia que atormenta a nossa época, mergulhando-nos num sonho alucinatório, o da "comunidade sem estrangeiros". Em quase todos os lugares, a lei do sangue, a lei do talião e o dever da raça — os dois suplementos constitutivos do nacionalismo atávico — voltam a emergir. A violência até então mais ou menos velada das democracias voltam à tona, desenhando um círculo mortífero que envolve a imaginação e do qual é cada vez mais difícil escapar. A ordem política, em quase todos os lugares, reconstitui-se como forma de organização para a morte. Pouco a pouco, um terror de essência molecular e pretensamente defensivo tenta se legitimar, turvando as relações entre a violência, o assassinato e a lei, entre a fé, o comando e a obediência, entre a norma e a exceção, ou então entre a liberdade, a perseguição e a segurança. Já não se trata mais de, pela via do direito e da justiça, excluir das considerações da vida em comum o assassinato. A cada momento, é a aposta máxima que está em jogo. Nem o *terrorista* nem o aterrorizado, ambos como novos substitutos do cidadão, renegam o assassinato. Pelo contrário, se de tudo não creem pura e simplesmente na morte (infligida ou sofrida), eles a assumem como garantia derradeira de uma história temperada a ferro e aço, a história do Ser.

A irredutibilidade do vínculo humano, a inseparabilidade entre o humano e os outros viventes, a vulnerabilidade do ser humano em geral e do ser humano doente de guerra em particular, ou ainda o cuidado exigido para inscrever o vivente na longa duração — Fanon carregou consigo essas preocupações, do começo ao fim, tanto em seu pensamento quanto em sua práxis. São essas as interrogações que nos fazemos, com viés cambiante e por meio de figuras igualmente cambiantes, nos capítulos a seguir. Tendo Fanon demonstrado uma solicitude particular em relação à África e vinculado definitivamente sua sorte à do continente, nada mais justo que a África ocupe uma posição de primeiro plano nessa reflexão (capítulo 4).

Existem, com efeito, nomes que, sem remeter em nada à coisa, passam por baixo ou ao largo dela. Desempenham uma função de desfiguração e de travestimento. É por isso que a coisa, a genuína, tende a resistir tanto ao nome quanto a qualquer tradução. Não por estar recoberta por uma máscara, mas porque sua força de disseminação é tal que qualquer qualificativo se torna subitamente supérfluo. Para Fanon, era esse o caso da África e de sua máscara, o negro (*Nègre*).[2] Trataria-se de uma entidade porta-tudo, pantanosa e desprovida de peso ou relevo histórico, a respeito da qual qualquer um pode dizer qualquer coisa sem que isso acarrete qualquer consequência? Ou seria uma força autônoma, ao mesmo tempo que um projeto, capaz de, por suas próprias reservas vitais, realizar seu potencial e escrever a si mesma nesta nova era global?

Com o intuito de abarcar os mundos vivos sem cair na repetição, Fanon prestou atenção na experiência que as pessoas tinham com as superfícies e profundezas, com o mundo das luzes e dos reflexos e com o mundo das sombras. Em se tratando dos significados últimos, ele sabia que era preciso buscá-los tanto do lado

2. Na língua francesa, o termo *nègre* se reveste, especialmente em seu uso como substantivo, de um caráter pejorativo de extração colonialista e racista para se referir aos negros, a despeito dos esforços de intelectuais da *négritude* para recuperar o vocábulo e promover uma dimensão positiva para seu uso. O termo corrente para se referir aos negros sem essa carga depreciativa é *noir*. No uso português europeu do termo, o caráter pejorativo do termo "preto" se evidencia mais claramente, talvez por conta do caráter recente da experiência colonial e do componente colonialista do discurso racista naquele contexto. No português brasileiro, porém, essa carga pejorativa é menos evidente, se não ausente, e, em decorrência disso, o uso do termo "negro", como adjetivo e substantivo, foi adotado de forma relativamente homogênea ao longo do texto, com exceções pontuais em que uma contraposição semântica específica possa ter exigido o recurso a uma explicitação dos sentidos ou o destaque entre parênteses da escolha original do autor por um ou outro dos termos. [N. T.]

das estruturas quando do lado tenebroso da vida. Daí a extraordinária atenção que deu à linguagem, à fala, à música, ao teatro, à dança, ao adereço, ao cenário e a todo tipo de objeto técnico e de estrutura física. De resto, neste ensaio, a questão não é de modo algum embalar os mortos, mas evocar, de forma fragmentada, um grande pensador da *transfiguração*.

Para isso, não encontramos nada mais apropriado que uma escrita figurativa, que oscila entre o vertiginoso, a dissolução e a dispersão. É uma escrita feita de espirais entrecruzadas cujas arestas e linhas sempre se encontram em seu ponto de fuga. Como se poderia supor, nesta escrita, a função da linguagem é trazer de volta à vida o que havia sido abandonado às forças da morte. É reabrir o acesso às jazidas do futuro, começando pelo futuro daqueles de quem, não faz muito tempo, era difícil dizer qual era a parte do humano e qual era a parte do animal, do objeto, da coisa ou da mercadoria (capítulo 4).

JOANESBURGO, 24 DE JANEIRO DE 2016

Este ensaio foi escrito durante minha longa estadia no *Witwatersrand Institute for Social and Economic Research* (WISER), na Universidade do Witwatersrand (Joanesburgo, África do Sul). Ao longo desses anos, tirei o maior proveito dos diálogos constantes com meus colegas Sarah Nuttall, Keith Breckenridge, Pamila Gupta, Sarah Duff, Jonathan Klaaren, Cath Burns e, mais recentemente, Hlonipa Mokoena e Shireen Hassim. Adam Habib, Tawana Kupe, Zeblon Vilakazi, Ruksana Osman e Isabel Hofmeyr nunca deixaram de me oferecer seu pródigo encorajamento. O seminário de pós-doutorado que ofereci no WISER com minha colega Sue Van Zyl, com o qual Charne Lavery, Claudia Gastrow, Joshua Walker, Sarah Duff, Kirk Side e Timothy Wright regularmente contribuíram, foi um espaço inestimável de pesquisa e de criatividade.

Paul Gilroy, David Theo Goldberg, Jean Comaroff, John Comaroff, Françoise Vergès, Éric Fassin, Laurent Dubois, Srinivas Aravamudan, Elsa Dorlin, Grégoire Chamayou, Ackbar Abbas, Dilip Gaonkar, Nadia Yala Kisukidi, Eyal Weizman, Judith Butler, Ghassan Hage, Ato Quayson, Souleymane Bachir Diagne, Adi Ophir, Célestin Monga, Siba Grovogui, Susan Van Zyl, Henry Louis Gates e Xolela Mangcu foram fecundas fontes de inspiração e, muitas vezes sem o saber, interlocutores de primeiríssimo plano.

Agradeço aos meus colegas do *Johannesburg Workshop in Theory and Criticism* (JWTC), Leigh-Ann Naidoo, Zen Marie e Kelly Gillespie, por terem sido companheiros tão fiéis, assim como Najibha Deshmukh e Adila Deshmukh por sua profunda amizade.

Meu editor Hughes Jallon e sua equipe, Pascale Iltis, Thomas Deltombe e Delphine Ribouchon, foram, como já de costume, um apoio infalível.

O ensaio é dedicado a um homem para lá dos nomes, Fabien Éboussi Boulaga, e a dois amigos indefectíveis, Jean-François Bayart e Peter L. Geschiere.

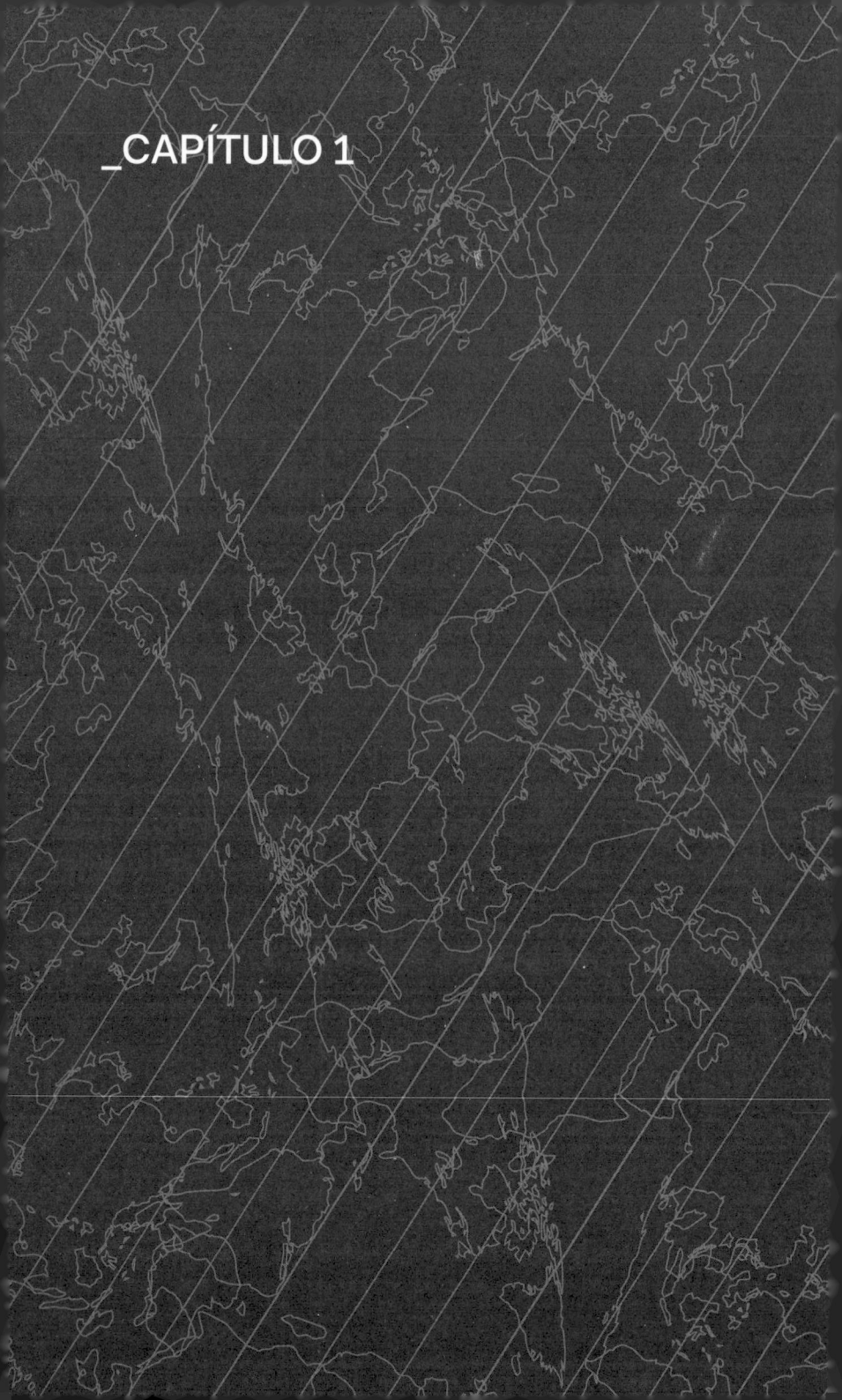

_CAPÍTULO 1

A SAÍDA DA DEMOCRACIA

O propósito deste livro é contribuir, a partir da África, onde vivo e trabalho (mas também a partir do resto do mundo, que eu nunca deixei de percorrer), para uma crítica do tempo que é o nosso — o tempo do repovoamento e da globalização do mundo sob a égide do militarismo e do capital e, como consequência derradeira, o tempo da saída da democracia (ou de sua inversão). Para levar este projeto a bom termo, seguiremos uma abordagem transversal, atenta aos três motivos da abertura, da travessia e da circulação. Uma abordagem dessas dará frutos somente se abrir espaço para uma *leitura retroativa* do nosso presente.

Ela parte do pressuposto segundo o qual toda desconstrução verdadeira do mundo do nosso tempo começa pelo pleno reconhecimento do estatuto forçosamente provinciano dos nossos discursos e do caráter necessariamente regional dos nossos conceitos — e, portanto, por uma crítica de toda forma de universalismo abstrato. Fazendo isso, ela se esforça em romper com o espírito da nossa época, que sabemos se pautar pelo internamento e pelas demarcações de todos os tipos, na fronteira entre o aqui e o lá, o próximo e o distante, o interno e o externo, servindo de Linha Maginot para grande parte daquilo que hoje passa por "pensamento global". Ora, só será "pensamento global" aquele que, rejeitando a segregação teórica, se apoiar de fato nos arquivos daquilo que Édouard Glissant chamou de "Todo-Mundo".

Reviramento, inversão e aceleração

Para as demandas da reflexão que esboçamos aqui, quatro traços característicos do tempo que é o nosso merecem ser ressaltados. O primeiro é o estreitamento do mundo e o repovoamento da Terra em decorrência da oscilação demográfica que agora opera em favor dos mundos do Sul. O desenraizamento geográfico e cultural e, em seguida, o deslocamento voluntário ou a implantação forçada de populações inteiras em vastos territórios anteriormente habitados exclusivamente por povos autóctones foram eventos decisivos da nossa chegada à modernidade.[1] Na costa atlântica do planeta, dois momentos significativos, ligados à expansão do capitalismo industrial, imprimiram ritmo a esse processo de redistribuição global de populações.

Trata-se da colonização (iniciada em princípios do século XVI com a Conquista das Américas) e do tráfico de escravos negros. Tanto o comércio negreiro quanto a colonização coincidiram em grande medida com a formação do pensamento mercantilista no Ocidente, se é que pura e simplesmente não lhe deram origem.[2] O comércio negreiro operava com a hemorragia e a punção dos braços mais capazes e das energias mais vitais das sociedades provedoras de escravos.

Nas Américas, a mão de obra cativa de origem africana foi posta para trabalhar no quadro de um amplo projeto de sujeição do meio ambiente, tendo por escopo sua valorização racional e rentável. Sob diversos aspectos, o regime de *plantation* era, antes

---

1. Paul Gilroy, *L'Atlantique noir. Modernité et double conscience*. Paris: Éditions Amsterdam, 2010 [Ed. ing.: *The Black Atlantic: Modernity and Double Consciousness*. Cambridge: Harvard University Press, 1993; ed. bras. *O Atlântico negro: modernidade e dupla consciência*, trad. de Cid Knipel Moreira. Rio de Janeiro: Editora 34/UCAM — Centro de Estudos Afro-Asiáticos, 2002].

2. Para uma visão geral, ver Parkakunnel Joseph Thomas, *Mercantilism and East India Trade*. Londres: Frank Cass, 1963; William J. Barber, *British Economic Thought and India, 1690-1858*. Oxford: Clarendon Press, 1974.

de mais nada, o das florestas e árvores que era preciso derrubar, queimar e arrasar regularmente, do algodão ou da cana-de-açúcar com que era preciso substituir a natureza preexistente, das paisagens antigas que era preciso remodelar, das formações vegetais anteriores que era preciso destruir e de um ecossistema que era preciso trocar por um agrossistema.[3] A *plantation*, no entanto, não era apenas um dispositivo econômico. Para os escravos transplantados ao Novo Mundo, ela era também o cenário em se encenava um outro começo. Nela tinha início uma vida dali em diante vivida de acordo com um princípio essencialmente racial. Mas, longe de ser um mero significante biológico, a raça, assim compreendida, remetia a um corpo sem mundo e sem chão, um corpo de energia combustível, uma espécie de duplo da natureza, que se podia transformar, por meio do trabalho, em ativo ou capital disponível.[4]

A colonização funcionava, por seu turno, com base na excreção daquelas e daqueles que, sob diversos aspectos, eram tidos como supérfluos ou excedentes no seio das nações colonizadoras. Esse era especialmente o caso dos pobres sob encargo da sociedade e dos vagabundos e delinquentes considerados nocivos à nação. Era uma tecnologia de regulação dos movimentos migratórios. Incontáveis eram os que na época avaliavam que, em última instância, essa forma de migração favoreceria os países de origem.

> Não somente um grande número de homens que ora vivem aqui no ócio e representam um peso, um encargo e não contribuem para este reino serão desse modo colocados para trabalhar, mas

---

3. Ver Walter Johnson, *River of Dark Dreams. Slavery and Empire in the Cotton Kingdom*. Cambridge: The Belknap Press of Harvard University Press, 2013.
4. Pode-se encontrar uma análise comparativa dessa instituição em Richard S. Dunn, *A Tale of Two Plantations. Slave Life and Labor in Jamaica and Virginia*. Cambridge: Harvard University Press, 2014.

também seus filhos com idades de doze ou catorze anos, ou até menos, serão afastados do ócio, produzindo miríade de coisas fúteis, que talvez sejam boas mercadorias para este país.

Foi o que escreveu, por exemplo, Antoine de Montchrestien em seu *Traité d'économie politique* [Tratado de Economia Política], no início do século XVII. Mais ainda, acrescentou, "nossas mulheres ociosas [...] serão empregadas extraindo, tingindo e selecionando plumas, esticando, batendo e beneficiando as folhas de cânhamo, assim como na colheita do algodão e em diversas coisas relacionadas ao tingimento". Concluía dizendo que os homens poderiam, por sua vez, "se engajar trabalhando nas minas e nas atividades laborais, até mesmo caçando baleias [...] além da pesca do bacalhau, do salmão, do arenque e do corte das árvores".[5]

Do século XVI ao XIX, essas duas modalidades de repovoamento do planeta pela via da predação humana, da extração de riquezas naturais e do trabalho de grupos sociais subalternos representaram importantes desafios econômicos, políticos e, sob inúmeros aspectos, filosóficos da época.[6] Tanto a teoria econômica quanto a teoria da democracia foram construídas em parte com base na defesa ou na crítica de uma ou outra dessas duas formas de redistribuição espacial das populações.[7] Essas, em contrapartida, estiveram na origem de muitos conflitos e guerras de distribuição e açambarcamento. Resultante desse movimento de alcance

---

5. Antoine de Montchrestien, *Traité d'économie politique*. Genebra: Droz, 1999 [1615], p. 187.
6. Ver, por exemplo, Josiah Child, *A New Discourse of Trade*. Londres: J. Hodges, 1690, p. 197; Charles Davenant, "Discourses on the Public Revenue and on the Trade", in *The Political and Commercial Works. Collected and Revised by Sir Charles Whitworth*. Londres: R. Horsfield, 1967 [1711], p. 3.
7. Ver Christophe Salvat, *Formation et diffusion de la pensée économique libérale française. André Morellet et l'économie politique du XVIIe. siècle*. Lyon: Universidade de Lyon 2, 2000. Tese de doutorado; Daniel Diatkine (ed.), "Le libéralisme à l'épreuve: de l'empire aux nations (Adam Smith et l'économie coloniale)", *Cahiers d'économie politique*, n. 27-28, 1996.

global, uma nova partição da Terra emergiu, tendo no centro as potências ocidentais e, no exterior ou nas margens, as periferias — domínios da luta irrestrita, fadados à ocupação e à pilhagem.

Ainda é preciso levar em conta a distinção geralmente invocada entre a colonização comercial — ou ainda das feitorias — e a colonização de povoamento propriamente dita. É verdade que se considerava, em ambos os casos, que o enriquecimento da colônia, qualquer colônia, só fazia sentido se contribuísse para o enriquecimento da metrópole. A diferença, contudo, residia no fato de que a colônia de povoamento era concebida como uma extensão da nação, enquanto a colônia de feitoria ou de exploração era apenas uma maneira de enriquecer a metrópole por meio de um comércio assimétrico, injusto, praticamente sem nenhum investimento pesado local.

Aliás, o domínio exercido sobre as colônias de exploração estava em teoria fadado a um termo, e a implantação dos europeus nesses lugares era cabalmente provisória. No caso das colônias de povoamento, a política de migração visava implantar, no seio da nação, pessoas que se teriam perdido se tivessem permanecido entre nós. A colônia servia de exutório para esses indesejáveis, categorias da população "cujos crimes e cuja devassidão" se teriam tornado "rapidamente destrutivos" ou cujas necessidades os teriam jogado na prisão ou forçado a mendigar, tornando-os inúteis para o país. Essa cisão da humanidade em populações "úteis" e "inúteis", "excedentes" e "supérfluas", permaneceu como regra, aferindo-se a utilidade, fundamentalmente, pela capacidade de empregar a força de trabalho.

De resto, o repovoamento da Terra no início da era moderna não passava apenas pela colonização. Migrações e mobilidade se explicavam também por fatores religiosos. Ao longo do período entre 1685 e 1730, na sequência da promulgação do Édito de Nantes, algo entre 170 mil e 180 mil huguenotes fugiram da

França. A emigração religiosa afetou muitas outras comunidades. Na realidade, diferentes tipos de circulação internacional se imbricavam, quer se tratasse de judeus portugueses, cujas redes se articulavam em torno dos grandes portos europeus de Hamburgo, Amsterdã, Londres ou Bordeaux; de italianos que investiam no mundo das finanças, dos negócios ou dos ofícios altamente especializados da vidraria e dos produtos de luxo; ou então dos soldados, mercenários e engenheiros que, a reboque dos múltiplos conflitos da época, passavam alegremente de um mercado da violência a outro.[8]

No alvorecer do século XXI, o tráfico de escravos e a colonização das regiões remotas do globo já não são os meios pelos quais se efetiva o repovoamento da Terra. O trabalho, em sua acepção tradicional, já não é necessariamente o meio privilegiado de formação do valor. Apesar disso, o momento é de alvoroço, de grandes e pequenos deslocamentos e transferências, em suma, de novas figuras do êxodo.[9] As novas dinâmicas circulatórias e a formação das diásporas passam, em grande medida, pelo comércio ou pelos negócios, pelas guerras, pelos desastres ecológicos e catástrofes ambientais e pelas transferências culturais de todo tipo.

O envelhecimento acelerado dos agrupamentos humanos das nações ricas do mundo representa, dessa perspectiva, um evento de considerável importância. É o inverso dos excedentes demográficos típicos do século XIX, que acabamos de evocar. A distância geográfica enquanto tal não representa mais um obstáculo à mobilidade. As grandes rotas de migração se diversificam e dispositivos cada vez mais sofisticados para contornar as fronteiras

---

8. Ver Jean-Pierre Bardet e Jacques Dupaquier (eds.), *Histoire des populations de l'Europe. I. Des origines aux prémices de la révolution démographique*. Paris: Fayard, 1998.
9. Sobre a amplitude dessas novas formas de circulação, ver World Bank, *Development Goals in an Era of Demographic Change. Global Monitoring Report 2015/2016*, 2016. Disponível em: *www.worldbank.org*.

são colocados em prática. Por mais que, de repente, os fluxos migratórios, centrípetos que são, se orientem em diversas direções ao mesmo tempo, particularmente a Europa e os Estados Unidos se mantêm como importantes pontos de fixação das multidões em movimento, especialmente daquelas que vêm dos centros de pobreza do planeta. Ali surgem novas aglomerações e são construídas, a despeito de tudo o mais, novas cidades polinacionais. Comprovando as novas circulações internacionais, vão surgindo pouco a pouco e sobre toda a superfície global diversas composições de territórios em mosaico.

Essa nova dispersão, que veio se juntar às ondas migratórias anteriores, provenientes do Sul, embaralhou os critérios de pertença nacional. Pertencer à nação já não é apenas uma questão de origem, mas também de escolha. Uma massa incessantemente crescente de pessoas participa atualmente de diversos tipos de nacionalidade (de origem, de residência, de escolha) e de vínculos identitários. Em certos casos, elas são instadas a se decidir, a se fundir com a população colocando um fim às duplas lealdades, ou, em caso de delito que coloque em perigo a "existência da nação", correm o risco de serem despojadas da nacionalidade de acolhimento.[10]

E mais, no cerne do repovoamento — em curso — da Terra, não se encontram unicamente os humanos. Os ocupantes do mundo não se limitam mais exclusivamente aos seres humanos. Mais do que nunca, incluem inúmeros artefatos e todas as espécies vivas, orgânicas e vegetais. Até mesmo as forças geológicas, geomorfológicas e climatológicas integram a panóplia dos novos habitantes da Terra.[11] É verdade que não se trata de seres nem de

10. Ver Seyla Benhabib e Judith Resnik (eds.), *Migrations and Mobilities. Citizenship, Borders, and Gender*. Nova York: New York University Press, 2009; e Seyla Benhabib, *The Rights of Others. Aliens, Residents, and Citizens*. Cambridge: Cambridge University Press, 2004.
11. O termo "novos habitantes" não significa que já não estivessem lá. Por "novos" deve-se entender a mudança de seu estatuto nos dispositivos de representação. Sobre

grupos ou família de seres enquanto tais. No limite, não se trata nem do meio ambiente nem da natureza. Trata-se de agentes e de meios de vida — a água, o ar, a poeira, os micróbios, as térmitas, as abelhas, os insetos —, autores de relações específicas. Passamos, pois, da *condição humana* à *condição terrestre*.

O segundo traço característico do nosso tempo é a redefinição — em curso — do humano no quadro de uma ecologia geral e de uma geografia doravante ampliada, esférica, irreversivelmente global. De fato, o mundo já não é considerado apenas como um artefato que o ser humano fabrica. Tendo saído da Idade da Pedra e da Prata, do Ferro e do Ouro, o ser humano, por seu turno, hoje tende a se tornar plástico. O advento do homem plástico e de seu corolário, o sujeito digital, vai diretamente de encontro com inúmeras convicções tidas até recentemente como verdades imutáveis.

É o caso da crença segundo a qual existiria algo "propriamente humano", um "homem genérico", que seria distinguível do animal e do mundo vegetal; ou então que a Terra que ele habita e explora seria apenas um objeto passivo de suas intervenções. É também o caso da ideia de que, de todas as espécies vivas, o "gênero humano" seria a única a ter se libertado parcialmente de sua animalidade. Rompidas as cadeias da necessidade biológica, ele teria sido alçado praticamente à altura do divino. Na contramão dessas profissões de fé e de tantas outras, admite-se atualmente que, no seio do universo, o gênero humano especificamente não passa de uma parcela de um conjunto muito mais amplo de sujeitos vivos, que inclui os animais, os vegetais e outras espécies.

Se nos ativermos à biologia e à engenharia genética, não existe nenhuma "essência humana" propriamente dita a ser preservada, nem qualquer "natureza humana" a ser protegida. Sendo assim, não haveria praticamente nenhum limite à modificação da es-

---

essas questões, ver Bruno Latour, *Face à Gaïa. Huit conférences sur le nouveau régime climatique*. Paris: La Découverte, 2015.

trutura biológica e genética da humanidade. No fundo, oferecendo-nos às manipulações genéticas e germinais, considera-se perfeitamente possível não apenas "aprimorar" o ser humano (*enhancement*), mas também, num espetacular ato de autocriação, produzir a vida pela via da tecnomedicina.

O terceiro traço constitutivo da época é a introdução generalizada de ferramentas e máquinas calculadoras ou computacionais em todos os aspectos da vida social. Com a força e a ubiquidade do fenômeno digital, não existe mais separação estanque entre a tela e a vida. A vida se passa agora na tela e a tela se tornou a forma plástica e simulada da vida, que, aliás, agora pode ser abarcada por um código. Além disso, "não é mais pela confrontação com o retrato ou com a figura do duplo apresentada pelo espelho que se põe à prova o sujeito, mas pela construção de uma forma de presença do sujeito mais próxima do decalque e da sombra projetada".[12]

De repente se vê precluída uma parte do trabalho de subjetivação e de individuação por meio do qual, ainda recentemente, todo ser humano se tornava uma pessoa dotada de uma identidade mais ou menos indexável. Quer se queira ou não, a era será, pois, a da plasticidade, a da inseminação e a de todos os tipos de enxertos: plasticidade do cérebro, inseminação do artificial e do orgânico, manipulações genéticas e enxertos informáticos, acoplamento cada vez mais estreito do humano à máquina. Todas essas mutações não só dão livre curso ao sonho de uma vida verdadeiramente ilimitada como agora fazem do poder sobre o vivo, ou ainda da capacidade de alterar voluntariamente a espécie humana, a forma indubitavelmente absoluta do poder.

A articulação entre a capacidade de alterar voluntariamente a espécie humana — e até mesmo outras espécies vivas e outros materiais aparentemente inertes — e o poder do capital constitui

12. Claire Larsonneur (ed.), *Le Sujet digital*. Paris: Les Presses du Réel, 2015, p. 3.

o quarto traço marcante do mundo do nosso tempo. O poder do capital — a um só tempo força viva e criadora (quando se trata de ampliar os mercados e de acumular lucros) e processo sanguinário de devoração (quando se trata de destruir irreversivelmente a vida dos seres e das espécies) — foi decuplicado a partir do momento em que os mercados bursáteis decidiram se apoiar em inteligências artificiais para otimizar o movimento de ativos líquidos. Tendo em vista que a maioria desses operadores de alto fluxo utilizam algoritmos de ponta para processar a massa de informações negociadas nas bolsas de valores, eles operam em escalas microtemporais inacessíveis ao ser humano. Hoje, o tempo de transmissão da informação entre a Bolsa e o operador é calculado em milissegundos. Associada a outros fatores, essa extraordinária compressão do tempo levou ao paradoxo que é, de um lado, o espetacular aumento da fragilidade e da instabilidade dos mercados e, de outro, seu poder quase ilimitado de destruição.

A questão que doravante se coloca é, portanto, a de saber se ainda é possível impedir que os modos de exploração do planeta desemboquem na destruição absoluta. Essa questão se torna ainda mais premente porque a simetria entre o mercado e a guerra nunca foi tão explícita quanto hoje. A guerra foi a matriz do desenvolvimento tecnológico ao longo dos séculos passados. Toda a gama de aparelhos militares continua até hoje a desempenhar esse papel, juntamente com o do mercado, que, por sua vez, opera mais do que nunca com base no modelo da guerra,[13] mas uma guerra que agora opõe as espécies entre si e a natureza, aos seres humanos. Essa estreita imbricação do capital, das tecnologias digitais, da natureza e da guerra, assim como as novas constelações de poder que ela possibilita, são, sem sombra de dúvida, o que mais frontalmente ameaça a ideia do político que até então servia de suporte para esta forma de governo que é a democracia.

13. Pierre Caye, *Critique de la destruction créatrice*. Paris: Les Belles Lettres, 2015, p. 20.

O corpo noturno da democracia

Esta ideia era relativamente simples: não existe fundamento (ou base imutável) para a comunidade humana que possa ser, por princípio, subtraída ao debate. A comunidade é política na medida em que, consciente da contingência de seus fundamentos e de sua violência latente, está disposta a colocar incessantemente em jogo suas origens. Ela é democrática na medida em que, estando assegurada essa ampla abertura permanente, a vida do Estado adquire um caráter público; os poderes são submetidos ao controle dos cidadãos e estes são livres para perseguir e fazer valer, incessantemente e sempre que for necessário, a verdade, a razão, a justiça e o bem comum. Ao ideal da força, às situações de fato (o arbitrário na política) e ao gosto pelo segredo se opõem agora as noções de igualdade, de Estado de Direito e de publicidade. De fato, já não basta invocar seus mitos de origem para legitimar a ordem democrática nas sociedades contemporâneas.

De resto, se a força das democracias modernas sempre decorreu de sua capacidade de se reinventarem e de constantemente inventarem não apenas a forma, mas também sua ideia ou concepção, isso não raro se dava ao custo da dissimulação ou da ocultação de suas origens na violência. A história desse esforço simultâneo de invenção e reinvenção, de dissimulação e de ocultação é sumamente paradoxal, se não caótico. Em todos os casos, ela demonstra a que ponto a ordem democrática, na diversidade de suas trajetórias, é notoriamente equívoca.

De acordo com a narrativa oficial, as sociedades democráticas seriam sociedades pacificadas. É o que as distinguiria das sociedades de guerreiros. Nelas, a brutalidade e a violência física teriam sido banidas, ou ao menos dominadas. Em decorrência do monopólio da força por parte do Estado e da internalização das restrições pelos indivíduos, o corpo a corpo pelo qual se exprimia a violência física na sociedade medieval até o Renascimento teria dado lugar ao autocontrole, à contenção e à civilidade. Essa nova forma de governo dos corpos, das condutas e dos afetos teria levado à pacificação dos espaços sociais. A violência dos corpos teria sido substituída pela força das formas. A regulação dos comportamentos, o controle das condutas, a prevenção da desordem e da violência iriam se efetuar dali em diante por meio de rituais plenamente aceitos.[14] Ao impor uma distância entre os indivíduos, as formas e os rituais contribuiriam para uma civilização dos costumes pelos costumes. De repente, as sociedades democráticas teriam deixado de se fundar, como os regimes monárquicos ou tirânicos, no princípio da obediência a um homem forte, o único capaz de outorgar à sociedade a possibilidade de se disciplinar. Em grande medida, sua força residiria na força de suas formas.[15]

A ideia de que a vida em democracia seria fundamentalmente tranquila, policiada e despojada de violência (inclusive sob a forma da guerra e da devastação) não resiste nem por um instante ao escrutínio. É verdade que a emergência e a consolidação da democracia se fizeram acompanhar por muitas tentativas de con-

14. Norbert Elias, *La Société de cour*. Paris: Calmann-Lévy, 1969 [Ed. alem.: *Die höfische Gesellschaft. Untersuchungen zur Soziologie des Königtums und der höfischen Aristokratie*. Frankfurt: suhrkamp, 1983 (1969); ed. bras.: *A sociedade de corte. Investigação sobre a sociologia da realeza e da aristocracia de corte*, trad. de Pedro Süssekind. Zahar: Rio de Janeiro, 2001]. *La Civilisation des mœurs*. Paris: Calmann-Lévy, 1973 e *La Dynamique de l'Occident*. Paris: Paris, 1975 [Traduzidos por Pierre Kamnitzer, os dois volumes de *Über den Prozeß der Zivilisation. Soziogenetische und psychogenetische Untersuchungen*. Frankfurt: suhrkamp, 1976 (1939) foram publicados como títulos independentes em francês, correspondendo aos volumes I (*Wandlungen des Verhaltens in den weltlichen Oberschichten des Abendlandes*) e II (*Wandlungen der Gesellschaft: Entwurf zu einer Theorie der Zivilisation*); *O processo civilizador*, trad. bras. de Ruy Jungmann. 2 v. Zahar: Rio de Janeiro, 1990 (v. 1: Uma história dos costumes; v. 2: formação do Estado e civilização)].
15. Erving Goffman, *Les Rites d'interaction*. Paris: Minuit, 1974 (1967) [Ed. bras.: *Ritual de interação: ensaios sobre o comportamento face a face*, trad. de Fábio Rodrigues Ribeiro da Silva. Petrópolis: Vozes, 2011].

trolar a violência individual, de regulá-la, reduzi-la, até mesmo de suprimir suas manifestações mais espetaculares e mais abjetas pela via da reprovação moral ou de sanções jurídicas. Mas a brutalidade das democracias somente foi abafada. Desde sua origem, as democracias modernas sempre deram mostras de tolerância em relação a certa violência política, inclusive ilegal. Elas integraram em sua cultura formas de brutalidade praticadas por uma gama de instituições privadas agindo atreladas ao Estado, quer se tratasse de forças voluntárias, de milícias ou de grupos paramilitares ou corporativos. Por muito tempo, os Estados Unidos foram um Estado e uma *democracia escravista*. W. E. B. Du Bois evoca, em *Black Reconstruction*, o paradoxo no âmago dessa nação que, desde o seu nascimento, proclama a igualdade entre os homens, cujo governo supostamente tem seu poder emanado do consentimento dos governados, mas que, pela prática da escravidão, se acomodou a uma disjunção moral absoluta.[16] No início dos anos 1830, os Estados Unidos contavam efetivamente com uma população de cerca de dois milhões de negros, que, em 1900, passariam a representar 11,6% da população. Sua sorte estava estreitamente ligada à dos brancos, sem que as condições respectivas de uns e de outros se confundissem, muito menos o seu futuro. Como destacaram muitos historiadores, separar-se completamente era tão difícil para ambos os grupos quanto se unir. Da perspectiva do direito, os escravos estavam na posição do estrangeiro no seio de uma sociedade de semelhantes. Ter nascido nos Estados Unidos (como era o caso de 90% deles em 1860) ou provir de uma descendência mista (13% dentre eles no mesmo período) não mudava nada no

---

16. W. E. B. Du Bois, *Black Reconstruction in America, 1860–1880*. Nova York: Free Press Edition, 1998 [1935].

estado de indignidade ao qual estavam reduzidos, nem na ignomínia que os afligia e que era transmitida de geração em geração, sob a forma de uma herança envenenada. A democracia escravista se caracterizava, pois, por sua bifurcação. Em seu seio, conviviam duas ordens: uma *comunidade dos semelhantes*, regida, ao menos teoricamente, pela lei da igualdade, e uma *categoria de dissemelhantes*, ou de *sem-partes*, também ela instituída por lei. A *priori*, os sem-partes não tinham nenhum direito a ter direitos. Eram regidos pela lei da desigualdade. Essa desigualdade e a lei que a instituía e embasava estava assentada no preconceito racial. Tanto o próprio preconceito quanto a lei que o fundamentava permitiam manter uma distância quase intransponível entre a comunidade de semelhantes e os outros. Se é que podia ser considerada uma comunidade, a democracia escravista não podia ser senão uma *comunidade de separação*.

> Em quase todos os Estados em que a escravidão foi abolida, deram-se ao negro direitos eleitorais; mas, se ele se apresenta para votar, corre risco de vida. Oprimido, pode se queixar, mas só encontra brancos entre seus juízes. A lei, no entanto, abre-lhe o banco dos jurados, mas o preconceito afasta-o dele. Seu filho é excluído da escola em que vai se instruir o descendente dos europeus. Nos teatros, ele não conseguiria comprar, nem a preço de ouro, o direito de sentar junto daquele que foi seu amo; nos hospitais, jaz à parte. Permite-se que o negro implore ao mesmo Deus dos brancos, mas não no mesmo altar. Ele tem seus padres e seus templos. Não lhe fecham as portas do céu, porém a desigualdade mal se detém à beira do outro mundo. Quando o negro falece, jogam seus ossos em separado, e a diferença de condição se encontra até mesmo na igualdade da morte.[17]

---

17. Alexis de Tocqueville, *De la démocratie en Amérique*, I. GF Paris: Flammarion, 1981, p. 457 [Ed. bras.: *A democracia na América. Leis e costumes, Livro I: De certas leis e certos costumes políticos que foram naturalmente sugeridos aos americanos por seu estado social-democrático*, trad. de Eduardo Brandão. São Paulo: Martins Fontes, 2005, p. 397].

Na democracia escravista, os dissemelhantes "não podem reclamar a posse de um só pedaço de terra".[18] De resto, a obsessão das democracias escravistas não é apenas manter os escravos diligentemente isolados. É, sobretudo, saber como se livrar deles, fazê-los abandonar voluntariamente o país ou, se necessário, deportá-los em massa.[19] E, se porventura se consente, de tempos em tempos, em elevar o escravo até nós, ao ponto mesmo de nos confundirmos com ele, é precisamente para poder em seguida "jogá-lo de volta na poeira",[20] esse estado natural das raças aviltadas. Pois o escravo não é um sujeito de direito, mas uma mercadoria como qualquer outra. A cena mais dramática dessa condenação ao pó é o linchamento, que representa uma forma grandiosa, grotesca e exibicionista da crueldade racista. Ele acontece não por trás dos muros de contenção de uma prisão, mas no espaço público.[21] Por meio da publicidade das execuções, a democracia racista encena uma excruciante brutalidade e inflama as emoções a partir do patíbulo. Enquanto técnica do poder racista, o ritual executório tem por objetivo semear o terror no espírito de suas vítimas e reavivar as pulsões mortíferas que formam o alicerce da supremacia branca.[22]

18. Ibid., p. 466 [Ibid., p. 406].
19. Kenneth C. Barnes, *Journey of Hope. The Back to Africa Movement in Arkansas in the Late 1800s*. Chapel Hill: The University of North Carolina Press, 2004.
20. Alexis de Tocqueville, op. cit., p. 457 [p. 398].
21. Mais ou menos no mesmo período, na França, por exemplo, uma tendência inversa se desenhava. A democracia buscava assegurar a obediência sem necessariamente recorrer à violência direta ou, pelo menos, relegando suas manifestações mais desumanas a espaços cada vez menos visíveis. Ver Emmanuel Taieb, *La Guillotine au secret. Les exécutions publiques en France, 1870-1939*. Paris: Belin, 2011.
22. Ler Ida B. Wells-Barnett, *On Lynchings*. Nova York: Arno Press, 1969; Robyn Wiegman, "The Anatomy of Lynching", *Journal of the History of Sexuality*, v. 3, n. 3, 1993, pp. 445-467; David Garland, "Penal Excess and Surplus Meaning. Public Torture Lynchings in Twentieth-Century America", *Law and Society Review*, v. 39, n. 4, 2005, pp. 793-834; e Dora Apel, "On Looking. Lynching Photographs and Legacies of Lynching after 9/11", *American Quarterly*, v. 55, n. 3, 2003, pp. 457-478.

Grande proprietário de escravos, Thomas Jefferson era particularmente consciente do dilema colocado pelo regime de *plantation* e pelo estatuto servil numa sociedade dita livre. Ele nunca deixou de se condoer com "a lamentável influência que essa instituição [a escravidão] exerce sobre os modos do nosso povo". Com efeito, a prática escravagista era, a seus olhos, o equivalente a uma licença absoluta. Ela conduzia ao exercício perpétuo das paixões mais incontroláveis. Parte maldita da democracia americana, a escravidão era a manifestação do despotismo corrupto e impenitente, que se assentava na abjeta degradação daqueles que foram escravizados.[23] A *plantation* era, de fato, um terceiro local onde as formas mais espetaculares da crueldade tinham livre curso, quer se tratasse de sevícias corporais, tortura ou execuções sumárias.

Graças ao dinheiro acumulado pelos fazendeiros das Índias Ocidentais, a Inglaterra do século XVIII pôde financiar a cultura emergente do gosto, as galerias de arte e os cafés, locais por excelência para o aprendizado da civilidade. Barões coloniais como William Beckford, plantocratas como Joseph Addison, Richard Steele ou Christopher Carrington garantiam o patrocínio das instituições culturais. Encomendavam obras aos artistas, arquitetos e compositores. À medida que a civilidade e o consumo de produtos de luxo seguiam de mãos dadas, o café, o açúcar e as especiarias se tornaram ingredientes indispensáveis à vida do homem polido. Enquanto isso, barões coloniais e nababos indianos reciclavam fortunas ilícitas no afã de se recomporem com uma identidade de aristocrata.[24]

Enfim, a "civilização dos costumes" se tornou possível graças às novas formas de enriquecimento e de consumo inauguradas pelas aventuras coloniais. De fato, a partir do século XVII,

---

23. Thomas Jefferson, *Notes on the State of Virginia*. Londres: Penguin Classics, 1999 [1775].
24. Simon Gikandi, *Slavery and the Culture of Taste*. Princeton: Princeton University Press, 2015, p. 149.

o comércio exterior passou a ser considerado como a via régia para assegurar a riqueza dos Estados. Tendo em vista que o controle dos fluxos de trocas internacionais passava agora pelo domínio dos mares, a capacidade de criar relações de trocas desiguais se tornou, a seu turno, um elemento decisivo do poder. Se o ouro e a prata do ultramar eram cobiçados por todos os Estados e pelas diversas cortes principescas da Europa, também esse era o caso da pimenta-do-reino, da canela, do cravo-da-índia, da noz-moscada e de outras especiarias. Mas também era o caso do algodão, da seda, do índigo, do café, do tabaco, do açúcar, dos bálsamos, dos licores mais diversos, das gomas e das plantas medicinais que eram compradas ao longe por preços irrisórios e revendidas a preços exorbitantes nos mercados europeus.

Para pacificar os costumes, era crucial assenhorar-se de colônias, estabelecer companhias concessionárias e consumir cada vez mais produtos provenientes de partes remotas do mundo. A paz civil no Ocidente dependia, pois, em grande medida, das violências distantes, das fogueiras de atrocidades que são acesas ao longe, das guerras de redutos e de outros massacres que acompanham o estabelecimento das praças-fortes e das feitorias nos quatro cantos do planeta. Ela depende da provisão de tecido para os barcos a vela, de mastros, armações de madeira, breu, linho e cordame, mas também de bens de luxo como a seda crua, as chitas tingidas e impressas, o sal para conservar o peixe, o potássio e os corantes para a indústria têxtil, sem contar o açúcar.[25] Em outras palavras, o apetite, o amor pelo luxo e outras paixões já não se prestam a intempestivas condenações. Mas a satisfação desses novos apetites dependia da institucionalização de um regime de desigualdade em escala global. A colonização foi o principal

25. Ver Sidney W. Mintz, *Sweetness and Power. The Place of Sugar in Modern History*. Nova York: Penguin Books, 1986; K. N. Chaudhuri, *The Trading World of Asia and the English East India Company, 1660–1760*. Cambridge: Cambridge University Press, 1978.

rotor desse regime.[26] A respeito disso, o historiador Romain Bertrand sugeriu que o Estado colonial "continua a ser um Estado em pé de guerra".[27] Ao dizer isso, não se referia unicamente aos abusos cometidos durante as guerras de conquista, tampouco ao exercício de uma cruel justiça privada ou à feroz repressão aos movimentos nacionalistas. Ele tinha em vista aquilo que se tornou necessário chamar de "política colonial do terror", isto é, o franqueamento deliberado de um limiar de violência e de crueldade que se abate sobre aqueles que foram previamente privados de todo e qualquer direito. O desejo de fazê-los em pedaços se traduz pela generalização de práticas tais como o incêndio de aldeias e de planícies rizícolas, execuções de simples aldeões para servirem de exemplo, a pilhagem das reservas coletivas de alimentos e dos celeiros, razias extremamente brutais em meio aos civis ou a sistematização da tortura.

Sistema colonial e sistema escravista representaram, por conseguinte, o inventário amargo da democracia, esse mesmo que, de acordo com uma intuição jeffersoniana, corrompe o corpo da liberdade e a leva inexoravelmente à decomposição. Revezando-se entre si, estas três ordens — a ordem da *plantation*, a ordem da colônia e a ordem da democracia — não se desgrudam, do mesmo modo como George Washington e seu escravo e companheiro William Lee, ou Thomas Jefferson e sua escrava Jupiter. Uma agrega sua aura à outra, numa relação estreita de distância aparente e de proximidade e intimidade reprimidas.

26. Ver Klauss Knorr, *British Colonial Theories, 1570-1850*. Toronto: Toronto University Press, 1944, p. 54; e Joyce Oldham Appleby, *Economic Thought and Ideology in the Seventeenth-Century England*. Princeton: Princeton University Press, 1978; William Letwin, *The Origin of Scientific Economics*. *The English Economic Thought, 1660-1776*. Londres: Mehtuen, 1963.
27. Romain Bertrand, "Norbert Elias et la question des violences impériales. Jalons pour une histoire de la 'mauvaise conscience' occidentale", *Vingtième Siècle*, n. 106, 2010, pp. 127-140.

Mitológicas

A crítica à violência das democracias, por sua vez, não é nova. Ela se oferece diretamente à leitura nos contradiscursos e práticas de luta que acompanharam sua emergência e, subsequentemente, seu triunfo no século XIX. Foi esse o caso, por exemplo, das diversas variantes do socialismo, a outra ideia nova do século XIX, ou do anarquismo do final do século XIX e das tradições do sindicalismo revolucionário na França de antes da Primeira Guerra Mundial e após a crise de 1929.

Uma das questões fundamentais que se colocam para a nossa época é saber se a política pode ser outra coisa que não uma atividade relacionada ao Estado e na qual o Estado é utilizado para garantir os privilégios de uma minoria. A outra é saber em que condições as forças radicais que visam precipitar o advento da sociedade do futuro podem se fazer valer de um direito a utilizar a violência para assegurar a realização de suas utopias. No plano filosófico, perguntamo-nos se a humanidade é capaz de chegar por conta própria, sem recurso a nenhuma transcendência, a um desenvolvimento de suas capacidades, a um aumento de seu poder de agir, único meio de a história humana produzir a si mesma.

Por volta do final do século XIX, surgiu a noção de ação direta, concebida como uma ação violenta empreendida independentemente de qualquer mediação estatal. Ela tem por finalidade se libertar das constrições que impedem aos humanos se comunicarem com suas próprias reservas de energia e, ao fazer isso, se autoproduzirem. A revolução é o exemplo acabado disso. Sendo a maneira de eliminar violentamente qualquer contraforça objetiva que se oponha a uma mudança das bases da sociedade, almeja a abolição dos antagonismos de classe e o advento de uma sociedade igualitária.

A greve geral expropriatória é outro exemplo, tendo como perspectiva instituir um outro modo de produção. Esse tipo de conflitualidade sem mediação inviabiliza, por definição, o compromisso. Rejeita, aliás, toda e qualquer conciliação. A revolução é considerada um evento violento. Essa violência é planejada. Por ocasião dos eventos revolucionários, ela pode ter como alvos pessoas que encarnam a ordem em vias de ser derrubada. Apesar de inevitável, deve ser limitada e voltada contra as estruturas e as instituições. A violência revolucionária tem efetivamente algo de irredutível. Visa à destruição e à liquidação de uma ordem estabelecida, liquidação que não pode ser obtida pacificamente. Nisso, ela se dirige antes à ordem das coisas que à das pessoas.[28]

O anarquismo, sob suas diferentes roupagens, apresenta-se como uma superação da democracia, em especial da sua vertente parlamentar.[29] As principais correntes anarquistas se esforçaram em pensar a política para além da dominação burguesa. Seu projeto era acabar com toda dominação política, sendo a democracia parlamentar uma de suas modalidades. Para Mikhail Bakunin, por exemplo, a superação da democracia burguesa passa pela superação do Estado, instituição cuja essência é buscar acima de tudo a própria preservação e a das classes que, tendo-se assenhorado dele, ora o colonizam. A superação do Estado inaugura o advento da "comuna", figura por excelência da auto-organização do social, muito mais do que mera entidade econômica ou política.

A outra crítica da brutalidade das democracias veio dos sindicalistas revolucionários, para quem a questão não era tanto inter-

---

28. Mikhaïl Bakounine, *Fédéralisme, socialisme et antithéologisme*, in *Œuvres*, v. 1. Paris: Stock, 1980; e v. 8 [Ed. bras.: Mikhail Bakunin, *Federalismo, socialismo e antiteologismo*, trad. de Plínio Augusto Coelho. São Paulo: Intermezzo Editorial, 2015].
29. Para uma crítica de direita, ver Carl Schmitt, *Parlementarisme et démocratie*. Paris: Seuil, 1988 [Ed. alem.: *Die geistesgeschichtliche Lage des heutigen Parlamentarismus*. Berlim: Dunker & Humblot, 1923; ed. bras.: "A situação intelectual do sistema parlamentar atual", *A crise da democracia parlamentar*, trad. de Inês Lohbauer. São Paulo: Scritta, 1996, pp. 1-80].

vir no sistema existente, mas destruí-lo por meio da violência. A violência se distingue da força. A força, como escreveu Georges Sorel, tem o objetivo de "impor a organização de uma certa ordem social na qual uma minoria governa". Procura "realizar uma obediência automática". A violência, por outro lado, "tende à destruição dessa ordem" e a "romper com essa autoridade".[30] De 1919 até o início dos anos 1930, na França, inúmeras manifestações operárias visavam expressamente a esse objetivo. A maioria delas resultou na morte de pessoas, na ocupação das ruas e na armação de barricadas. O ciclo provocação/repressão/mobilização contribuiu para a afirmação de uma identidade de classe, da mesma forma que os longos movimentos de greve e as sucessivas confrontações com as forças da ordem. A ideia era que a violência proletária era moral, enquanto a do aparato de Estado era reacionária. Quase duas décadas após a repressão da Comuna e a dissolução da Primeira Internacional em 1876, o anarquismo viveu o seu auge na França. A destruição da propriedade e a expropriação dos proprietários constituíam seus objetivos declarados; e o terror dos oprimidos, uma de suas armas. Nos anos 1890, esta assumiria a forma de ações espetaculares, no bojo de uma economia do sacrifício — sacrifício à causa proletária.[31]

Essas críticas à democracia, articuladas do ponto de vista das classes sociais que originariamente sofreram a sua brutalidade no próprio Ocidente, são relativamente conhecidas. Por outro lado, não foram suficientemente reiteradas suas múltiplas genealogias e seu entrelaçamento. Era como se a história das democracias

30. Georges Sorel, *Réflexions sur la violence*. Paris: Marcel Rivière, 1921, pp. 257; 263 [Ed. bras.: *Reflexões sobre a violência*, trad. de Paulo Neves. São Paulo: Martins Fontes, 1992, pp. 156 e 195].
31. Ver Romain Ducoulombier, *Ni Dieu, ni maître, ni organisation? Contribution à l'histoire des réseaux sous la Troisième République (1880-1914)*. Rennes: Presses Universitaires de Rennes, 2009; e Miguel Chueca (ed.), *Déposséder les possédants. La grève générale aux "temps heroïques" du syndicalisme révolutionnaire (1895-1906)*. Marselha: Agone, 2008.

modernas se resumisse a uma história inerente às sociedades do Ocidente e como se, encerradas em si mesmas e no mundo, essas sociedades estivessem confinadas aos estreitos limites de seu entorno imediato. Ora, nunca foi esse o caso. O triunfo da democracia moderna no Ocidente coincidiu com o período da sua história durante o qual essa região do mundo esteve implicada em um duplo movimento de consolidação interna e de expansão ultramarina. A história da democracia moderna é, no fundo, uma história de duas faces, ou melhor, de dois corpos: o corpo solar, de um lado, e o *corpo noturno*, de outro. O império colonial e o Estado escravagista — e, mais precisamente, a *plantation* e a colônia penal — constituem os maiores emblemas desse corpo noturno.

A colônia penal, em particular, era um local onde eram purgadas as penas da exclusão. Essas penas visavam tanto alijar quanto eliminar aqueles e aquelas que as sofriam. De início, era esse o caso dos oponentes políticos, dos condenados a trabalhos forçados por crimes comuns e também dos delinquentes reincidentes.[32] Na França, a lei de 26 de agosto de 1792 instituiu efetivamente a deportação política. Entre 1852 e 1854, as colônias penais nos territórios coloniais viveram uma grande expansão. Deportações em massa ocorreram ao longo do século XIX, especialmente rumo à Guiana, onde as penas eram convertidas em prisão perpétua.[33] Sob muitos aspectos, a colônia penal ultramarina prefigura a massificação do encarceramento típico da era contemporânea, marcada pela coerção extrema e generalizada e pelo confinamento solitário.[34] A violência no tratamento dispensado

---

32. Odile Krakovitch, *Les Femmes bagnardes*. Paris: O. Orban, 1990.
33. Odile Krakovitch estima em 102,1 mil o número de prisioneiros deportados de 1852 a 1938 in ibid., p. 260. Cf. também Danielle Donet-Vincent, "Les 'bagnes' des Indochinois en Guyane (1931-1963)". Disponível em: *criminocorpus.revues.org*, jan. 2006.
34. Ruth Gilmore, *Golden Gulag. Prisons, Surplus, Crisis, and Opposition in Globalizing California*. Berkeley: University of California Press, 2007.

aos prisioneiros e as formas de privação às quais são submetidos combinam duas lógicas, a da neutralização e a do exílio.[35] No fundo, desde suas origens, a democracia moderna, para dissimular a contingência de seus fundamentos e a violência que constitui suas partes baixas, sentiu a necessidade de se involucrar em uma estrutura quase mitológica. Como há pouco dissemos, a ordem democrática, a ordem da *plantation* e a ordem colonial mantiveram durante muito tempo vínculos de gemelidade. Esses vínculos foram tudo menos acidentais. Democracia, *plantation* e império colonial fazem parte objetivamente de uma mesma matriz histórica. Esse fato originário e estruturante está no cerne de toda e qualquer compreensão histórica da violência da ordem global contemporânea.

Para apreender a contento a natureza dos vínculos entre, de um lado, a ordem democrática e, de outro, a ordem imperial--colonial, e em seguida o modo como essa relação determina a violência das democracias, é importante levar em consideração diversos fatores (políticos, tecnológicos, demográficos, epidemiológicos e até mesmo botânicos).[36] De todas as ferramentas técnicas que contribuíram para a configuração dos impérios coloniais a partir do século XVIII, as mais decisivas foram, sem dúvida, as técnicas armamentistas, a medicina e os meios de locomoção. Não bastava, contudo, adquirir impérios, por vezes a preço de saldo,

35. A respeito desses debates, ver Marie Gottschalk, *The Prison and the Gallows. The Politics of Mass Incarceration in America*. Cambridge: Cambridge University Press, 2006; Michelle Alexander, *The New Jim Crow. Mass Incarceration in the Age of Colorblindedness*. Nova York: New York University Press, 2010; e Lorna A. Rhodes, *Total Confinement. Madness and Reason in the Maximum Security Prison*. Berkeley: University of California Press, 2004.
36. Daniel R. Headrick, *The Tools of Empire. Technology and European Imperialism in the Nineteenth-Century*. Nova York: Oxford University Press, 1981; Philip D. Curtin, *Disease and Empire. The Health of European Troops in the Conquest of Africa*. Cambridge: Cambridge University Press, 1998; e Marie-Noelle Bourquet e Christophe Bonneuil (eds.), "De l'inventaire du monde à la mise en valeu du globe. Botanique et colonisation (fin XVIIe. siècle-début XXe. siècle)", *Revue française d'histoire d'outre-mer*, v. 86, n. 322–323, 1999.

como atestam a miudeza em créditos e efetivos mobilizados nas conquistas. Era preciso ainda povoar as novas terras e explorá-las efetivamente. Aproveitar-se da decadência do império mogol, do reino javanês e do beilhique otomano foi o que fizeram, a título de exemplo, a Grã-Bretanha, os Países Baixos e a França na Índia, na Indonésia e na Argélia, não raro com técnicas pré-industriais.[37] Jamais será dado o destaque devido ao impacto que teve o quinino na apropriação do mundo pelo Ocidente. A generalização do uso da casca de cinchona, seu cultivo nas plantações da Índia e de Java ou sua colheita nas montanhas andinas permitiram um salto na capacidade de aclimatação do homem brancos aos trópicos. No mesmo sentido, nunca é demais ressaltar o caráter fora da lei das guerras coloniais conduzidas pelas democracias fora da Europa. No que se refere à África em particular, o impulso colonial coincidiu com uma das primeiras revoluções militares da era industrial. Foi a partir dos anos 1850 que a tecnologia armamentista e a velocidade dos projéteis começaram a transformar a confrontação militar em "um processo verdadeiramente desumano".[38]

Aos canhões, arcabuzes, fortificações abaluartadas e armadas de guerra dos períodos anteriores vieram se juntar, não necessariamente nesta ordem, a artilharia indireta e de longo alcance, as armas de tiro rápido no suporte à infantaria, como no caso da metralhadora, e até mesmo os veículos automotores e os aviões.

Foi também a época em que as democracias se esforçaram em transferir, mal ou bem, os princípios industriais da produção em massa para a arte da guerra e colocá-los a serviço da destruição em massa. Graças aos novos armamentos industriais, alguns dos quais experimentados no curso da Guerra de Secessão Americana (1861-1865) e por ocasião do conflito russo-japonês de 1904-1905,

37. Bouda Etemad, *La Possession du monde. Poids et mesure de la colonisation*. Bruxelas: Complexe, 2000.
38. Laurent Henninger, "Industrialisation et mécanisation de la guerre, sources majeures du totalitarisme (xixe.-xxe. siècles)", *Astérion*, n. 2, 2004, p. 1.

a ideia era decuplicar o poderio de fogo com base na aceitação mais ou menos fatalista da morte e da submissão à tecnologia. As conquistas coloniais constituíram, dessa perspectiva, um campo privilegiado de experimentação. Deram azo à emergência de um pensamento do poderio e da técnica, que, levado a suas últimas consequências, abriu caminho aos campos de concentração e às ideologias genocidas modernas.[39] Foi a reboque das conquistas coloniais que se assistiu a uma aceleração do confronto entre o homem e a máquina, premissa da "guerra industrial" e da carnificina que se tornaria emblemática dos anos 1914-1918. Foi também por ocasião das conquistas coloniais que se cultivou a tolerância a perdas humanas elevadas, especialmente em meio às tropas inimigas. Além disso, as guerras de conquista foram, do início ao fim, guerras raciais assimétricas.[40] Ao longo de um século e meio de guerras coloniais, os exércitos coloniais perderam poucos homens. Os historiadores estimam essas perdas entre 280 000 e 300 000, cifras relativamente ínfimas, se levarmos em conta o fato de que a Guerra da Crimeia, por si só, produziu perto de 250 000 mortos. Durante três das principais "guerras sujas" da descolonização (Indochina, Argélia e Angola e Moçambique), contam-se 75 000 mortes do lado colonial e 850 000 do lado indígena.[41] A tradição das "guerras sujas" tem suas origens nos conflitos coloniais. Eram marcadas por ataques devastadores contra os núcleos das populações autóctones e por profundas mutações da ecologia patológica nas regiões devastadas.

---

39. Iain R. Smith e Andreas Stucki, "The Colonial Development of Concentration Camps (1868-1902)", *The Journal of Imperial and Commonwealth History*, v. 39, n. 3, 2011, pp. 417-437.
40. Olivier Le Cour Grandmaison, *Coloniser, exterminer. Sur la guerre et l'État colonial*. Paris: Fayard, 2005.
41. No que se refere aos Camarões, ver Thomas Deltombe et al, *Kamerun! Une guerre cachée aux origines de la Françafrique (1948-1971)*. Paris: La Découverte, 2011.

Conduzidas por regimes que se declaravam de direito, a maioria das guerras coloniais, sobretudo no momento da conquista propriamente dita, não eram guerras de autodefesa. Não eram travadas com o objetivo de recuperar seus bens ou restabelecer algum tipo de justiça que pudesse ter sido ultrajada. De saída, inexistia delito cuja gravidade pudesse ser mensurada. A violência produzida por essas guerras não obedecia a nenhuma regra de proporcionalidade. Não existia praticamente nenhum limite formal à devastação que atingia os entes declarados como inimigos. Inúmeros inocentes eram mortos, a maioria deles não em razão de faltas cometidas, mas em virtude de faltas futuras. A guerra de conquista não era, portanto, uma execução de direito. Se o inimigo era criminalizado, não era com vistas a restaurar qualquer justiça que fosse. Independentemente de portar armas ou não, o inimigo a ser castigado era um inimigo intrínseco, um *inimigo por natureza*. Em suma, a conquista colonial abria caminho a uma esfera da guerra desregrada, a *guerra fora da lei* travada pela democracia, que, ao fazê-lo, externalizava a violência contra um lugar regido por convenções e costumes anômalos.

Paradoxalmente, essa esfera da guerra fora da lei floresceu no mesmo momento em que se realizavam no Ocidente incontáveis esforços visando transformar tanto o *ius in bello* (o direito na guerra) quanto o *ius ad bellum* (o direito de travar a guerra). Iniciados já nos séculos XVII-XVIII, eles incidiam, entre outros aspectos, sobre a natureza do antagonismo (qual tipo de guerra a ser travado?), a qualificação do inimigo (com que tipo de inimigo se está lidando, contra quem se bater e como?), a maneira de conduzir a guerra e as regras gerais a serem observadas em função do estatuto de combatentes, não combatentes e de todos os que estão sujeitos à violência e à devastação. Foi no final do século XIX que as bases de um direito internacional humanitário vieram à luz. Esse direito visava, entre outras coisas, "humanizar" a guerra. Emergiu ao mesmo tempo que a "guerra de brutalização" vivia seu auge na África. As leis modernas da guerra foram formuladas pela primeira vez por ocasião da Conferência de Bruxelas, de 1874, e, em seguida, das Convenções da Haia, de 1899 e 1907. Mas o desenvolvimento de princípios internacionais sobre a matéria não necessariamente alterou a conduta das potências europeias no terreno. Assim como era então, continua a ser hoje. Rapidamente, a violência das democracias experimentou, pois, uma externalização nas colônias, onde assumia a forma de atos brutais de opressão. Uma vez que o poder na colônia não derivava efetivamente sua autoridade de nenhuma legitimidade anterior, buscava então se impor à maneira de um destino. Tanto na imaginação quanto na prática, representava-se a vida dos indígenas conquistados e subjugados como uma sucessão de eventos predestinados. Considerava-se que essa vida estivesse condenada a ser assim, sendo que a violência exercida pelo Estado derivava a cada instância de uma medida não apenas necessária, mas também inocente. A razão disso era que o poder colonial quase nunca se estruturava pela contraposição do legal ao ilegal. O direito colonial estava incondicionalmente sujeito aos imperativos políticos. Uma tal concepção da instrumentalidade absoluta do direito tinha por efeito liberar os detentores do poder de qualquer limitação genuína, fosse em matéria de prática da guerra, de criminalização das resistências ou no governo do dia a dia. Seu momento constitutivo foi o da força oca, porque irrestrita.

Quase sempre assombrada pelo desejo de extermínio (eliminacionismo), a própria guerra colonial era, por definição, uma guerra fora dos limites, *fora da lei*.[42] Uma vez assegurada a ocupação, a população subjugada nunca estava inteiramente a salvo

---

42. Ver, por exemplo, Kevin Kenny, *Peaceable Kingdom Lost. The Paxton Boys and the Destruction of William Penn's Holy Experiment*. Nova York: Oxford University Press, 2009.

de um massacre.⁴³ Aliás, não chega a surpreender que os principais genocídios coloniais tenham ocorrido nas colônias de povoamento. Nisso, de fato, prevaleceu um jogo de soma zero. Para legitimar a ocupação europeia, buscou-se renegar previamente toda e qualquer presença autóctone e apagar seus vestígios. Paralelamente aos grandes episódios sanguinários, vigia uma violência molecular, raramente contida, uma força ativa e primitiva, de natureza quase sedimentar e miniaturizada, que saturava o campo social em toda a sua extensão.⁴⁴ A lei aplicada aos indígenas nunca era a mesma aplicada aos colonos. Os crimes cometidos pelos indígenas eram punidos em um quadro normativo no qual estes de modo algum figuravam enquanto sujeitos jurídicos de pleno direito. Pelo contrário, para qualquer colono acusado de ter cometido um crime contra um autóctone (incluindo o homicídio), bastava invocar a legítima defesa ou mencionar possíveis represálias para escapar de qualquer condenação.⁴⁵

Muitos historiadores apontaram que o império colonial era tudo menos um sistema dotado de uma coerência absoluta. Improvisação, reações *ad hoc* diante das situações imprevistas e, muito amiúde, informalidade e baixa institucionalização eram a regra.⁴⁶ Mas longe de atenuar sua brutalidade e suas atrocidades, essa porosidade e essa segmentaridade apenas as tornavam mais perniciosas. Onde o manto opaco do segredo encobria os

---

43. A. Dirk Moses (ed.), *Empire, Colony, Genocide. Conquest, Occupation, and Subaltern Resistance in World History*. Nova York: Berghahn, 2008; Martin Shaw, "Britain and Genocide. Historical and Contemporary Parameters of National Responsibility", *Review of International Studies*, v. 37, n. 5, 2011, pp. 2417-2438.
44. Ver os detalhes em Elizabeth Kolsky, *Colonial Justice in British India. White Violence and the Rule of Law*. Cambridge: Cambridge University Press, 2010.
45. Lisa Ford, *Settler Sovereignty. Jurisdiction and Indigenous People in America and Australia, 1788-1836*. Cambridge: Harvard University Press, 2010.
46. Ver, especialmente, Martin Thomas, "Intelligence Providers and the Fabric of the Late Colonial State", in Josh Dulfer e Marc Frey, *Elites and Decolonization in the Twentieth Century*. Basingstoke: Palgrave Macmillan, 2011, pp. 11-35.

atos de abuso de autoridade, a invocação do imperativo da segurança bastava para estender muito além do razoável as zonas de imunidade, e a impenetrabilidade fazia delas máquinas quase naturais de inércia.[47] Pouco importava que o mundo criado pelas representações não coincidia exatamente com o mundo fenomênico. Para escapar ao escrutínio, bastava invocar o segredo e a segurança. Cria da democracia, o mundo colonial não era a antítese da ordem democrática. Ele sempre foi seu duplo, ou melhor, sua face noturna. Não existe democracia sem seu duplo, sua colônia, pouco importa o nome ou a estrutura. Ela não é exterior à democracia. Não está necessariamente situada extramuros. A democracia carrega a colônia em seu seio, assim como a colônia carrega a democracia, não raro sob a forma de máscara.

Como apontou Frantz Fanon, essa face noturna esconde, na verdade, um vazio primordial e fundador, a lei que tem sua origem no não direito e que se institui como lei fora da lei. A esse vazio fundador se junta um segundo vazio, o de preservação. Esses dois vazios estão estreitamente imbricados um no outro. Paradoxalmente, a ordem política democrática metropolitana necessita desse duplo vazio, primeiramente para fazer crer na existência de um contraste irredutível entre ela e seus aparentes opostos, depois, para alimentar seus recursos mitológicos e para melhor esconder suas partes baixas, tanto do lado de dentro quanto de fora. Em outras palavras, as lógicas mitológicas necessárias para o funcionamento e a sobrevivência das democracias modernas são pagas ao preço da externalização da sua violência originária em lugares outros, os não lugares cujas figuras emblemáticas são a *plantation*, a colônia ou, atualmente, o campo e a prisão.

47. Priya Satia, *Spies in Arabia. The Great War and the Cultural Foundations of Britain's Covert Empire in the Middle East*. Oxford: Oxford University Press, 2008; e Martin Thomas, *Empires of Intelligence. Security Services and Colonial Disorder after 1914*. Berkeley: University of California Press, 2008.

Apesar de externalizada especialmente nas colônias, essa violência permanece latente na metrópole. Parte do trabalho das democracias é embotar ao máximo a consciência dessa presença latente, tornar quase impossível qualquer questionamento genuíno sobre seus fundamentos, suas partes baixas e as mitologias, sem as quais a ordem que garante sua reprodução subitamente bambeia. O grande temor das democracias é que essa violência, latente em seu interior e externalizada nas colônias e em outros lugares alijados, volte repentinamente à tona e passe a ameaçar a ideia que a ordem política se fez de si mesma (como se instituída de um só golpe e de uma vez por todas) e que chegou mais ou menos a se passar por senso comum.

A consumação do divino

De resto, as disposições paranoicas da nossa época se cristalizam em torno de duas grandes narrativas: a do (re)começo e a do fim, o Apocalipse. Muitas poucas coisas parecem distinguir o tempo do (re)começo e o do fim, tanto que o que torna possíveis um e outro são a destruição, a catástrofe e a devastação. Nessa perspectiva, a dominação se exerce pela via da modulação dos limiares catastróficos. Se algumas formas de controle passam pelo confinamento e pelo estrangulamento, outras operam pela indiferença e pelo abandono puro e simples. Qualquer que seja o caso, considera-se que existe, na herança greco-judaica da filosofia que tanto marcou as humanidades europeias, um vínculo estrutural entre, de um lado, o futuro do mundo e o destino do Ser e, de outro, a catástrofe enquanto categoria simultaneamente política e teológica.

Para atingir seu apogeu, considera-se que o Ser deve passar por uma fase de purificação pelo fogo. Esse evento singular prefigura o último ato, no qual, nos termos de Heidegger, a própria Terra explode pelos ares. Essa autoexplosão representa, a seus olhos, a "realização suprema" da técnica, termo que, para o filósofo alemão, remete tanto à ciência quanto ao capital. Avalia ele que a própria Terra explode pelos ares e a "humanidade atual" desaparece com ela. Ora, para parte da tradição judaico-cristã, o desaparecimento da "humanidade atual" não representa nenhuma perda irremediável, que desembocaria no vazio. Seria somente o fim do primeiro começo e, potencialmente, o início de um "outro começo" e de uma "outra história", a outra história de uma outra humanidade e de um outro mundo.

Não é certo, porém, que a humanidade como um todo atribua tal posição à história do Ser em sua relação com a teologia da catástrofe. Nas tradições africanas antigas, por exemplo, o ponto de partida da interrogação sobre a existência humana não é a questão do ser, mas a da relação, da implicação recíproca, isto é, da descoberta e do reconhecimento de uma outra carne além da minha. É a questão de saber como sempre me transportar a lugares distantes, simultaneamente diferentes do meu lugar e implicados nele. Nessa perspectiva, a identidade é uma questão não de substância, mas de plasticidade. É uma questão de co-composição, de abertura para o outro lugar de uma outra carne, de reciprocidade entre múltiplas carnes e seus múltiplos nomes e lugares.

Nessa perspectiva, produzir a história consiste em desatar e em reatar os nós e os potenciais das situações. A história é uma sequência de situações paradoxais de transformações sem ruptura, de transformações na continuidade, de assimilação recíproca de múltiplos segmentos do vivo. Daí a importância atribuída ao trabalho de estabelecimento de relações entre os opostos, de fagocitose e de agrupamento das singularidades. Essas tradições conferem apenas uma importância mínima à ideia de um fim do mundo ou à ideia de uma outra humanidade. É perfeitamente possível, pois, que essa obsessão seja, no fim das contas, específica à metafísica ocidental. Para muitas culturas humanas, o mundo simplesmente não se acaba; a ideia de uma recapitulação dos tempos não corresponde a nada concreto. Isso não significa que tudo seja eterno, que tudo seja repetição ou que tudo seja cíclico. Isso quer dizer simplesmente que, por definição, o mundo é abertura e que o tempo só existe no e por meio do inesperado, do imprevisto. Assim, o evento é justamente aquilo que ninguém pode prever, medir ou calcular com exatidão. Desse modo, o que é "inerente ao ser humano" é se manter constantemente de prontidão, disposto a acolher o desconhecido e a abraçar o inesperado, pois a surpresa está na origem dos procedimentos de encantamento sem os quais o mundo nada tem de mundo.

Num outro plano e para uma grande parte da humanidade, o fim do mundo já aconteceu. A questão já não é saber como viver à sua espera, mas como viver depois do fim, isto é, com a perda, na separação. Como refazer o mundo depois da sua destruição? Para essa parcela da humanidade, a perda do mundo impõe desfazer-se daquilo que, anteriormente, representava o fulcro dos investimentos materiais, psíquicos e simbólicos; desenvolver uma ética da renúncia em relação àquilo que ainda ontem ali estava, hoje desapareceu e que agora é preciso esquecer, pois, de todos os modos, sempre existe vida após o fim. O fim de maneira nenhuma equivale ao derradeiro limite da vida. Existe algo no princípio da vida que desafia toda e qualquer ideia de fim. A perda e seu corolário, a separação, representam, no entanto, uma travessia decisiva. Mas, se toda separação é em certa medida uma perda, nem toda perda equivale necessariamente a um fim do mundo. Existem perdas que libertam, porque se abrem a outros registros da vida e da relação. Existem perdas que, ao assegurar a sobrevivência, comungam da necessidade. Existem objetos e investimentos dos quais é preciso se separar justamente para que sua perenidade possa ser assegurada. Do mesmo modo, o apego a determinados objetos e investimentos só pode, no fim das contas, ser saldado pela destruição do eu e dos objetos em questão.

Dito isso, nossa época segue decididamente um duplo movimento: o entusiasmo pelas origens e pelo recomeço, de um lado, e, de outro, a saída do mundo, o fim dos tempos, a ultimação do existente e a vinda de um outro mundo. Essas duas formas do entusiasmo assumem naturalmente figurações específicas em função do lugar. Na pós-colônia, onde impera uma forma específica de poder, cuja peculiaridade é atar dominantes e dominados num mesmo feixe de desejo, o entusiasmo pelo fim se expressa com frequência na linguagem religiosa. Uma das razões para isso é que a pós-colônia é uma forma relativamente específica de captação e de emasculação do desejo de revolta e da vontade de luta. As energias da sociedade são reinvestidas não necessariamente no trabalho, na busca do lucro ou na recapitulação do mundo e em sua renovação, mas numa espécie de fruição sem mediação, imediata, que é ao mesmo tempo vazio de prazer e predação de tipo libidinal — ambos sendo elementos que explicam a ausência tanto de transformação revolucionária quanto de hegemonia dos regimes vigentes.

O entusiasmo pelas origens se alimenta de uma sensação de medo provocado pelo encontro — nem sempre material; na verdade, sempre fantasmático e em geral traumático — com o outro. De fato, são muitos os que acreditam ter por muito tempo preferido os outros a si mesmos. Consideram que a questão não é mais preferir os outros a si mesmos. A questão doravante é preferir a si mesmo em detrimentos dos outros que, de todo modo, nenhum valor têm para nós; é fazer enfim opções por objetos relacionados às pessoas que a nós se assemelham. A nossa, portanto, é uma era de fortes vínculos narcísicos. A fixação imaginária com o estrangeiro, o muçulmano, a mulher que usa véu, o refugiado, o judeu ou o negro desempenha, nesse contexto, funções defensivas. Recusa-se a reconhecer que, na verdade, nosso ego sempre foi constituído por oposição ao outro: um negro, um judeu, um árabe, um estrangeiro que interiorizamos, mas de uma forma regressiva. É isto justamente o que muitos hoje se recusam a admitir, que, no fundo, somos feitos de diversos empréstimos tomados a sujeitos estrangeiros e que, consequentemente, sempre fomos *seres fronteiriços*.

Além disso, a generalização da sensação de temor e a democratização do medo ocorreram contra o pano de fundo de mutações profundas, a começar pelos regimes da crença e, por conseguinte, pelas histórias que contamos uns aos outros. Essas histórias não precisam se basear na verdade. Agora, é verdade não aquilo que efetivamente se passou ou ocorreu, mas aquilo em que se acredita. Histórias de prodígios. Homens com cabeça de serpente, meio vacas e meio touros. Inimigos que se enfurecem conosco e tentam nos matar gratuita e traiçoeiramente. Terroristas, cuja força reside no fato de terem vencido em si mesmos o instinto de vida e serem, portanto, capazes de morrer, de preferência matando os outros. Na verdade, uma guerra de um novo tipo, verdadeiramente global, já teria sido desencadeada. Seria travada em todas as frentes e nos seria imposta inteiramente a partir do exterior. Não seríamos responsáveis por nada nela, nem por suas causas, nem por seu curso, nem pelas situações extremas por ela engendradas em terras distantes, longe do nosso chão. Seu custo em dinheiro, em sangue e em corpos reais seria incalculável. A menos que fosse contida ou que nossos inimigos fossem aniquilados, ela levaria inexoravelmente à morte das ideias que considerávamos, ainda há pouco, imprescindíveis. Pois nos vemos na exata posição de alguém que é vítima de uma agressão externa, teríamos o direito de retaliar, sendo que tal retaliação representaria, em última instância, apenas uma forma honrosa de legítima defesa. Se, no curso dessa retaliação, nossos inimigos ou os povos e Estados que lhes oferecem guarida ou que os protegem acabarem sendo devastados, seria tão somente a justiça sendo feita. Não seriam eles, no fundo, os arautos da própria ruína? Todas essas histórias têm um mesmo fio condutor: *viver* pela espada se tornou a norma. Incluindo as democracias, a luta política consiste cada vez mais uma luta para saber quem será capaz de adotar as medidas mais repressivas diante da ameaça inimiga. Até mesmo a guerra contemporânea mudou de aspecto. Em operações especiais conduzidas por forças armadas constituídas, não se hesita em abater supostos inimigos friamente, à queima-roupa, sem nenhuma advertência, sem escapatória e sem risco de reação. O assassinato oferece não somente a ocasião de uma descarga fugaz. Ele assinala o retorno a um modo de funcionamento arcaico, no qual já não existe distinção entre as pulsões libidinais propriamente ditas e as pulsões de morte enquanto tais. Para que ocorra o encontro sem volta disso com a mortalidade, é necessário efetivamente que o outro saia inapelavelmente da minha vida.[48] Matar civis inocentes com a ajuda de um drone ou por intermédio de bombardeios aéreos teleguiados por acaso é um ato menos cego, mais moral ou mais clínico que um enforcamento ou uma decapitação? O terrorista mata seus inimigos por aquilo que são e por nada mais? Recusa-se a eles o direito de viver em razão do que pensam? Tem-se realmente vontade de saber o que dizem e o que fazem, ou basta *que ali estejam*, armados ou desarmados, muçulmanos ou ímpios, locais ou não, na hora errada e no lugar errado?

A generalização do medo se alimenta também da ideia de que o fim do ser humano — e, portanto, do mundo — está próximo.

---

48. Ver Simon Frankel Pratt, "Crossing Off Names. The Logic of Military Assassination", *Small Wars & Insurgencies*, v. 26, n. 1, 2015, pp. 3-24; e, de modo geral, Nils Melzer, *Targeted Killing in International Law*. Nova York: Oxford University Press, 2008; e Grégoire Chamayou, *Théorie du drone*. Paris: La Fabrique, 2013.

Ora, o fim do ser humano não implica necessariamente o fim do mundo. A história do mundo e a história humana, ainda que entrelaçadas, não terão necessariamente um fim simultâneo. O fim do ser humano não acarretará necessariamente o fim do mundo. Por outro lado, o fim do mundo material acarretará, sem dúvida alguma, o fim do ser humano. O fim do ser humano abrirá uma outra sequência da vida, talvez uma "vida sem história", tão inseparável o conceito de história tem sido da história humana, a ponto de se considerar que não existe história que não seja história humana. Já não é mais esse o caso atualmente. E pode bem ser que o fim do ser humano afinal sirva apenas para abrir caminho para uma história do mundo sem os seres humanos; uma história posterior aos seres humanos, mas com outros seres vivos, com todos os traços que o ser humano tiver deixado para trás, mas, decididamente, uma *história à sua revelia*.

Estritamente falando, a humanidade talvez se acabe numa inanição universal, mas o fim do ser humano não significará de modo nenhum o fim de todo fim imaginável. A idade do homem não cobre inteiramente a idade do mundo. O mundo é muito mais velho que o ser humano, e não se pode confundir de maneira nenhuma um com o outro. Não existiria ser humano sem mundo. Mas pode bem ser que uma determinada figuração do mundo sobreviva ao ser humano — o mundo sem humanos. Quanto a saber se esse mundo sem humanos será inaugurado por um anjo poderoso descido dos céus, envolto numa nuvem, tendo um arco-íris sobre sua cabeça, sua face como a luz do sol e suas pernas como colunas de fogo, ninguém pode dizer. Colocará seu pé direito sobre o mar e pé esquerdo sobre a terra? Ninguém sabe. Em pé sobre o mar e a terra, levantará a mão direita em direção ao céu e jurará por Aquele que vive nos séculos dos séculos? São muitos os que creem nisso. Creem, na verdade, que não haverá mais tempo, mas que, no dia da trombeta do sétimo anjo, o mistério de Deus se consumará.

Eles entreveem um fim que será o equivalente de uma interrupção final do tempo, ou então a entrada em um novo regime de historicidade, caracterizado pela consumação do divino. Deus terá deixado de ser um mistério. Será dali em diante possível chegar à Sua verdade, sem mediação, na mais absoluta transparência. Conclusão, finitude e revelação, por muito tempo separados, serão enfim reunidos. Terminará um tempo cuja natureza é terminar, justamente para que se possa finalmente chegar a um outro tempo, aquele que não termina. Será finalmente possível passar ao outro lado. Haverá finalmente condições de abandonar, do lado de cá, o tempo da finitude e da mortalidade. A ideia de que existe uma força fundamentalmente libertadora que emanará praticamente do nada quando o fim realmente se consumar está no cerne das violências políticas de conotação tecnológica da nossa época.[49]

Necropolítica e relação sem desejo

Por outro lado, seja o que for que se fizer caber sob este nome, o terrorismo não é uma ficção, não mais que as guerras de ocupação, o antiterrorismo ou as guerras de contrainsurgência que pretensamente representam reações a ele. Terror e antiterror são as duas faces da mesma realidade, a *relação sem desejo*. O ativismo terrorista e a mobilização antiterrorista têm mais de uma coisa em comum. Ambos acometem o direito e os direitos.

De um lado, o projeto terrorista é levar à ruína da sociedade de direito, ameaçando objetivamente seus alicerces mais profundos. De outro, a mobilização antiterrorista se funda na ideia de que

---

49. Arthur Kroker e Michael A. Weinstein, "Maidan, Caliphate, and Code. Theorizing Power and Resistance in the 21st Century". Disponível em: *www.ctheory.net*, 3 mar. 2015.

apenas medidas excepcionais podem suplantar inimigos sobre os quais deveria poder se abater, sem reservas, a violência do Estado. Nesse contexto, a suspensão dos direitos e a abolição das garantias que protegem os indivíduos são apresentadas como condição para a sobrevivência desses mesmos direitos. Noutros termos, o direito não pode ser protegido pelo direito. Ele só pode ser protegido pelo não direito. Proteger o Estado de Direito contra o terror exigiria violentar o próprio direito, ou então constitucionalizar aquilo que até então pertencia ao âmbito da exceção ou do franco não direito. Sob pena de os meios se tornarem um fim em si mesmos, qualquer iniciativa de defesa do Estado de Direito e de nosso modo de vida implicaria, pois, um uso absoluto da soberania.

Mas a partir de que momento a "legítima defesa" (ou então a retaliação) passa a se converter, tanto em seu princípio como em seu funcionamento, em uma duplicação vulgar da instituição e da mecânica terroristas? Não se está em presença de um regime político totalmente distinto a partir do momento em que a suspensão do direito e das liberdades não é mais uma exceção, mesmo que, por outro lado, ela tampouco se tenha tornado a regra? Onde termina a justiça e onde começa a vingança, quando as leis, os decretos, os mandados, as inspeções, os tribunais especiais e outros dispositivos de urgência visam antes de mais nada produzir uma categoria de *suspeitos a priori* — suspeição que a exigência de abjurar (neste caso, do islã) apenas propagou? Como se pode exigir de muçulmanos ordinários e inocentes que prestem contas em nome daqueles que, de todos os modos, nenhuma importância dão à sua vida e, no limite, desejam sua morte? Na era da grande brutalidade, quando o mundo inteiro mata como num abatedouro, é preciso continuar a estigmatizar aqueles e aquelas que fogem da morte ao buscar refúgio em nossos países, em vez de aceitar estoicamente morrer no lugar em que nasceram?

Não existe resposta fiável a essas questões que não tenha como ponto de partida a aparente generalização de formas de poder e de modalidades de soberania cujas características incluem produzir a morte em larga escala. Essa produção é feita a partir de um cálculo puramente instrumental da vida e do político. É verdade que sempre vivemos em um mundo profundamente marcado por diversas formas de terror, isto é, de dissipação da vida humana. Viver sob o terror e, portanto, sob o regime da dissipação não é algo novo. Historicamente, uma das estratégias dos Estados dominantes sempre consistiu em espacializar e em descarregar esse terror confinando suas manifestações mais extremas a algum outro lugar estigmatizado racialmente — a *plantation* sob a escravidão, a colônia, o campo, o *compound* sob o apartheid, o gueto ou, como nos Estados Unidos de hoje, a prisão. Por vezes, essas formas de confinamento e de ocupação e esse poder de segmentação e de destruição puderam ser exercidos por autoridades privadas, amiúde sem controle, o que levou ao surgimento de modos de *dominação sem responsabilidade*, em que o capital confiscava por sua própria conta o direito de vida e de morte daqueles e daquelas que a ele estivessem sujeitos. Era esse o caso, por exemplo, na época das companhias concessionárias, no início do período colonial.

Em muitas regiões do mundo pós-colonial, o ponto de virada que representou a generalização da relação belicosa foi muitas vezes a consequência derradeira do curso autoritário seguido por muitos regimes políticos confrontados a intensos protestos. Na África em particular, o próprio terror assumiu muitas formas. O primeiro foi o terror estatal, particularmente quando se tratava de conter a deriva contestatória, se necessário por meio de uma repressão ora sorrateira, ora expedita, brutal e desmedida (detenções, tiroteios, adoção de medidas de emergência, formas diversas de coerção econômica). A fim de facilitar a repressão, os regimes no poder buscaram despolitizar o protesto social. Esforçaram-se, por vezes, em dar contornos étnicos à confrontação. Em alguns casos, regiões inteiras foram colocadas sob dupla administração civil e militar. Onde os regimes estabelecidos se sentiam mais ameaçados, levaram a lógica da radicalização à sua conclusão lógica, instigando ou apoiando o surgimento de quadrilhas ou milícias controladas fosse por acólitos e outros despachantes da violência operando nas sombras, fosse por lideranças militares ou políticas ocupando posições de poder dentro das estruturas formais do Estado. Em alguns casos, as milícias ganharam gradualmente autonomia e se converteram em verdadeiros grupos armados no seio de estruturas de comando paralelas às dos exércitos regulares. Em outros casos, as estruturas militares formais serviram de cobertura para atividades fora da lei, com canais de tráfico que proliferavam em paralelo com a repressão política propriamente dita.

Uma segunda forma de terror se produziu onde ocorreu uma fragmentação do monopólio da força, seguida por uma redistribuição desigual dos meios de terror no seio da sociedade. Nesses contextos, a dinâmica da desinstitucionalização e da informalização se acelerou. Emergiu uma nova divisão social, separando aqueles que estão protegidos (porque estão armados) daqueles que não o estão de modo algum. Por fim, mais do que no passado, as lutas políticas tendem a ser resolvidas pela força, com a circulação de armas na sociedade se tornando um dos principais fatores de divisão e um elemento central nas dinâmicas da insegurança, da proteção da vida e do acesso à propriedade. A perda gradual do monopólio da violência pelo Estado teve como contrapartida sua progressiva devolução a uma multiplicidade de instâncias operando seja fora do Estado, seja de dentro dele, mas com relativa autonomia. A quebra desse monopólio também levou ao surgimento de operadores privados, alguns dos quais adquiriram paulatinamente a capacidade de capturar e remobilizar os recursos da violência para fins econômicos, ou mesmo a capacidade de travar guerras seguindo todas as formalidades.

Em outro plano, as formas de apropriação violenta de recursos ganharam em complexidade e surgiram vinculações entre as forças armadas, a polícia, o judiciário e o mundo do crime. Onde a repressão e os tráficos de todo tipo se revezavam, surgiu uma configuração político-cultural que ofereceu ampla margem à possibilidade de qualquer pessoa poder ser morta por qualquer outra, a qualquer momento e sob qualquer pretexto. Ao estabelecer uma relação de relativa igualdade na capacidade de matar e em seu corolário (a possibilidade de ser morto) — igualdade relativa que somente a posse ou não de armas é capaz de sustar —, essa configuração acentua o caráter funcional do terror e possibilita a destruição de qualquer vínculo social que não seja o da inimizade. É esse vínculo de inimizade que justifica a relação ativa de dissociação da qual a guerra é uma das expressões violentas. É também o vínculo de inimizade que torna possível instituir e normalizar a ideia de que o poder só pode ser obtido e exercido à custa da vida dos outros.

No governo pelo terror, a questão não é tanto reprimir e disciplinar, mas matar, seja em massa ou em pequenas doses. A guerra já não contrapõe necessariamente exércitos uns aos outros ou Estados soberanos uns aos outros. Os atores da guerra são, em qualquer ordem ou combinação, Estados devidamente constituídos; grupos armados atuando por trás da máscara do Estado ou abertamente; exércitos sem Estado, mas no controle de territórios bem definidos; Estados sem exército; corporações ou empresas concessionárias, responsáveis pela extração de recursos naturais, mas que se arrogaram, além disso, o direito de guerra. A regulação das populações passa por guerras que, por sua vez, consistem cada vez mais num processo de apropriação de recursos econômicos. Em tais contextos, a imbricação da guerra, do terror e da economia é tamanha que não se trata mais apenas de uma economia de guerra. Ao criar novos mercados militares, a guerra e o terror se converteram em autênticos modos de produção.

O terror e as atrocidades são justificados pelo desejo de erradicar a corrupção de que seriam culpadas as tiranias existentes. Aparentemente, fazem parte de uma imensa liturgia terapêutica em que se combinam o desejo de sacrifício, escatologias messiânicas, saberes residuais associados quer aos imaginários autóctones sobre o oculto, quer aos discursos modernos do utilitarismo, do materialismo e do consumismo. Quaisquer que sejam seus fundamentos discursivos, sua tradução política passa por guerras extenuantes, nas quais milhares ou até centenas de milhares de vítimas são massacradas e centenas de milhares de sobreviventes são deslocados, confinados ou internados em campos. Nessas condições, o poder é infinitamente mais brutal do que era no período autoritário. É mais físico, mais corpóreo e mais opressivo. O que visa já não é a obediência das populações enquanto tal. Por mais que ainda se agarre ao policiamento cerrado dos corpos (ou à sua aglomeração no interior dos perímetros que controla), não é tanto para discipliná-los, mas para deles extrair a máxima utilidade e, não raro, o prazer (como no caso da escravidão sexual, por exemplo).

As próprias formas de matar são variadas. No caso específico dos massacres, os corpos despojados de vida são rapidamente reduzidos ao estado de meros esqueletos, meros resquícios de uma dor insepulta; corporeidades vazias e insignificantes; sedimentos estranhos, imersos num cruel estupor.[50] Muitas vezes, o mais impressionante é a tensão entre a petrificação das ossadas e sua estranha frieza por um lado e, por outro, sua obstinação em querer a todo custo significar alguma coisa. Em outras circuns-

---

50. Thomas Gregory, "Dismembering the Dead. Violence, Vulnerability and the Body in War", *European Journal of International Relations*, v. 21, n. 4, dez. 2015.

tâncias, parece não haver serenidade alguma nesses fragmentos de ossos marcados pela impassibilidade; nada além da recusa ilusória de uma morte já sofrida. Em outros casos, em que a amputação física substitui a morte direta, a remoção de determinados membros abre caminho para o emprego de técnicas de incisão, ablação e excisão, que também têm os ossos como seu alvo preferido. Os vestígios dessa cirurgia demiúrgica persistem por muito tempo após o ocorrido, na forma de figuras humanas por certo vivas, mas cuja integridade corporal foi substituída por pedaços, fragmentos, recortes ou até feridas e cicatrizes enormes que têm a função de expor constantemente ao olhar da vítima e de todos ao seu redor o espetáculo mórbido de sua dissecção.

Quanto ao resto, e sem cair no naturalismo geográfico ou climático, as formas que o terror assume na Era Antropocênica dependem necessariamente dos contextos climáticos e estilos de vida típicos dos diferentes ambientes ecológicos. Esse é particularmente o caso do espaço sahelo-saariano na África, onde as dinâmicas da violência tendem a se unir às da mobilidade espacial e da circulação típicas dos mundos nômades desérticos ou semidesérticos. Nesse caso, enquanto a estratégia dos Estados desde a época colonial se baseia no controle dos territórios, a estratégia das diversas formas de violência (incluindo a violência terrorista) se baseia no controle do movimento e das redes sociais e mercantis. Uma das características do deserto é ser flutuante. E, se o deserto é flutuante, também o são seus limites, pois eles mudam ao sabor dos eventos climáticos.

Igualmente típica das regiões desérticas do Saara é a importância dos mercados e das estradas que ligam as florestas austrais às cidades do Magreb. O terrorismo ali é um terrorismo de estratos, na interface entre os regimes caravaneiros, nômades e sedentários. Isso porque o espaço e as populações se movem constantemente. O espaço não apenas é trespassado pelo movimento.

Ele mesmo está em movimento. De acordo com Denis Retaillé e Olivier Walther, "essa capacidade de movimentação dos lugares é possibilitada pelo fato de não serem determinados primordialmente pela existência de infraestruturas rígidas".[51] O que mais importa, acrescentam os autores, é "uma forma mais sutil de organização do que o modelo zonal, baseado em uma divisão do espaço em diversos domínios bioclimáticos".[52] A capacidade de se deslocar por distâncias consideráveis, de manter alianças mutáveis, de privilegiar os fluxos em detrimento dos territórios e de negociar a incerteza faz parte dos recursos necessários para efetivamente influir sobre os mercados regionais do terror.

Nessas formas mais ou menos movediças e segmentadas de administração do terror, a soberania consiste no poder de fabricar toda uma série de pessoas que, por definição, vivem no limite da vida, ou no limite externo da vida — pessoas para quem viver é um constante acerto de contas com a morte, em condições em que a própria morte tende cada vez mais a se tornar algo espectral, tanto em termos de como é sofrida quanto pela forma como é infligida. Vida supérflua, portanto, essa cujo preço é tão baixo que não possui equivalência própria, nem em termos mercantis e muito menos em termos humanos; essa espécie de vida cujo valor está fora da economia e cujo único equivalente é o tipo de morte que lhe pode ser cominada.

De regra, trata-se de uma morte à qual ninguém se sente obrigado a reagir. Em vista desse tipo de vida ou desse tipo de morte, ninguém sente nenhum senso de responsabilidade ou justiça. O poder necropolítico opera por uma espécie de reversão entre a vida e a morte, como se a vida não fosse outra coisa senão o veículo da morte. Ele busca sempre abolir a distinção entre meios

---

51. Denis Retaillé e Olivier Walther, "Terrorisme au Sahel. De quoi parle-t-on?", *L'Information géographique*, v. 75, n. 3, 2011, p. 4.
52. Ibid.

e fins. É por essa razão que lhe são indiferentes os sinais objetivos da crueldade. Aos seus olhos, o crime constitui parte fundamental da revelação, e a morte de seus inimigos é, em princípio, desprovida de qualquer simbolismo. Uma morte assim não tem nada de trágico. É por isso que o poder necropolítico pode multiplicá-lo ao infinito, seja em pequenas doses (o modo celular e molecular) ou em irrupções espasmódicas — a estratégia dos "pequenos massacres" intermitentes, seguindo uma implacável lógica de separação, estrangulamento e vivissecção, como se vê em todos os palcos contemporâneos do terror e do antiterror.[53]

Em grande medida, o racismo é o motor do princípio necropolítico, na medida em que esse é o nome dado à destruição organizada, é o nome de uma economia sacrificial cujo funcionamento exige, de um lado, a redução generalizada do preço da vida e, de outro, a familiarização com a perda. Esse princípio está em ação no processo pelo qual, atualmente, a simulação permanente do estado de exceção justifica a "guerra contra o terror" — uma guerra de erradicação, indefinida, absoluta, que reivindica o direito à crueldade, à tortura e à detenção ilimitada — e, portanto, uma guerra que extrai suas armas do "mal" que alega erradicar, num contexto em que o direito e a justiça são exercidos sob a forma de intermináveis represálias, vinganças e revanches.

Talvez mais até do que pela diferença, nossa época seja definida, portanto, pelo fantasma da separação e do extermínio. Ela se pauta pelo que não se agrega, pelo que de modo nenhum se reúne, pelo que não se está disposto a compartilhar. A proposta de igualdade universal, que não faz muito tempo ainda permitia contestar consideráveis injustiças, foi gradualmente substituída pela projeção, não raro violenta, de um "mundo sem" — o "mundo do grande despojo", o mundo dos muçulmanos que estorvam a cidade, dos negros e outros estrangeiros que devem

---

53. Achille Mbembe, "Necropolitics", *Public Culture*, v. 15, n. 1, 2003, pp. 11–40.

ser deportados, dos terroristas (ou supostos terroristas) que são torturados por conta própria ou por procuração, dos judeus, de quem se lamenta que tenham sido tantos a escapar das câmaras de gás, dos migrantes que chegam de todos os lugares, dos refugiados e de todos os náufragos, esses esfarrapados cujos corpos tanto se assemelham a pilhas de lixo, do processamento em massa dessa carniça humana, com seu ranço, seu fedor e sua podridão.

Além disso, a distinção clássica entre carrascos e vítimas, que outrora servia de base para a justiça mais elementar, tem sido amplamente atenuada. Hoje vítima, amanhã carrasco, e depois vítima novamente — o ciclo do ódio não para de se enovelar e de espalhar seus nós por toda parte. Poucos infortúnios ainda são considerados injustos. Não há culpa, nem remorso, nem reparação. Tampouco existem injustiças que devamos reparar, ou tragédias que possamos evitar. Para unir, é preciso necessariamente dividir; e cada vez que dizemos "nós", devemos a todo custo excluir alguém, despojá-lo de alguma coisa, proceder a algum tipo de confisco.

Em decorrência de uma estranha transmutação, as vítimas são agora instadas a assumir, além dos danos sofridos, a culpa que caberia a seus algozes sentir. Elas devem expiar os delitos de seus próprios carrascos no lugar deles, livres de remorsos e da necessidade de reparação. Em contrapartida, antigas vítimas, fugitivos e sobreviventes não hesitam em se transformar em verdugos e em projetar contra aqueles que são mais fracos do que eles o terror que um dia sofreram, reproduzindo ocasionalmente e levando ao extremo a lógica que presidiu seu próprio extermínio.

De resto, a tentação da excepcionalidade e de seu corolário, a imunidade, pairam por todo lado. Como será possível infletir a própria democracia, ou até abandoná-la, de tal forma que a transbordante violência social, econômica e simbólica possa ser captada, se necessário confiscada, em todo caso institucionalizada e dirigida contra um "grande inimigo" — pouco importa qual for — que devemos a todo custo aniquilar? Ao passo que a fusão do capitalismo e do animismo nem se questiona mais, ao passo que o entrelaçamento do trágico e do político tende a se tornar a norma, esta é a questão que nossa época não para de se colocar: a *inversão da democracia*.[54]

Em quase todos os lugares, portanto, o discurso é de suspensão, de restrição e até mesmo de revogação ou abolição pura e simples — da Constituição, da lei, dos direitos, das liberdades civis, da nacionalidade, de todos os tipos de proteções e garantias que até recentemente eram tidas como asseguradas. Tanto a maioria das guerras contemporâneas quanto as formas de terror associadas a elas visam não o reconhecimento, mas a criação de um *mundo desvinculado*. Tido como provisório ou não, o processo de *saída da democracia* e o movimento de suspensão dos direitos, das Constituições ou das liberdades são paradoxalmente justificados pela necessidade de proteger essas mesmas leis, liberdades e Constituições. E, com a saída e a suspensão, vem a clausura — todos os tipos de muros, arames farpados, campos e túneis, as portas fechadas, como se, na verdade, tivéssemos encerrado de uma vez por todas certa ordem das coisas, certa ordem da vida, certo imaginário do que haverá em comum na cidade futura.

Sob muitos aspectos, a pergunta que ontem nos era feita é exatamente a mesma que precisamos nos fazer hoje de novo. É a questão de saber se alguma vez nos foi, se nos é e se algum dia nos será possível encontrar o outro sem que seja como um mero objeto posto, ali, ao nosso alcance. Existe algo capaz de nos ligar a outros com quem possamos afirmar estar? Quais formas poderia assumir essa predisposição? É possível uma outra política do mundo, que já não se assente necessariamente na diferença ou

---

54. Wendy Brown, *Undoing the Demos. Neoliberalism's Stealth Revolution*. Nova York: Zone Books, 2015.

na alteridade, mas em uma certa ideia de semelhança e do que há em comum? Não estamos condenados a viver expostos uns aos outros, às vezes dentro do mesmo espaço? Devido a essa proximidade estrutural, não há mais um "fora" que se possa opor a um "dentro", um "outro lugar" que se possa opor a um "aqui", um "perto" que se possa opor a um "longe". Não se pode "santuarizar" o *em casa*, fomentando o caos e a morte à distância, *na casa do outro*. Cedo ou tarde se colherá em casa o que se semeou no exterior. Não pode haver santuarização que não seja recíproca. Para chegar a isso, será necessário, por conseguinte, pensar a democracia para além da justaposição de singularidades, assim como para além da ideologia simplista da integração. Aliás, a democracia futura será construída com base numa clara distinção entre o "universal" e o "em comum". O universal implica a inclusão em alguma coisa ou em alguma entidade já constituída. O em comum pressupõe uma relação de copertença e compartilhamento — a ideia de um mundo que é o único que temos e que, para ser sustentável, precisa ser compartilhado por todos os seus legítimos beneficiários, todas as espécies combinadas. Para que essa partilha se torne possível e para que essa democracia planetária, a democracia das espécies, se torne uma realidade, é incontornável a demanda por justiça e reparação.[55]

É importante entender, ao tratar dessas mutações de grande amplitude, que elas afetam profundamente as relações entre a democracia, a memória e a ideia de um futuro que possa ser compartilhado pela humanidade como um todo. Agora, quando falamos da "humanidade como um todo", é preciso reconhecer também que ela atualmente, em sua dispersão, se assemelha a uma máscara mortuária — algo residual, tudo menos uma figura,

---

55. "Épilogue. Il n'y a qu'un seul monde", in Achille Mbembe, *Critique de la raison nègre*. Paris: La Découverte, Paris, 2013 [Ed. bras.: *Crítica da Razão Negra*, trad. de Sebastião Nascimento. São Paulo: n-1 edições, 2018].

um rosto e um corpo perfeitamente reconhecíveis, nesta era de enxameação, proliferação e transplantação de tudo em relação a quase tudo o mais. Na verdade, algo deixou de se fazer presente. Mas será que esse "algo", meio carniça e meio efígie, realmente já esteve presente, diante de nós, a não ser como uma pomposa carcaça — na melhor das hipóteses, uma luta ao mesmo tempo elementar, primordial e irrefreada para escapar ao pó?[56] O nosso tempo está de fato longe de se orientar pela razão, e não é certo que volte a fazê-lo, pelo menos no curto prazo. A reboque da demanda por mistérios e do retorno do espírito das cruzadas, ele se mostra mais inclinado às disposições paranoicas, à violência histérica, aos procedimentos de aniquilação de todos aqueles que a democracia converteu em inimigos do Estado.[57]

---

56. Aimé Césaire, *Discours sur le colonialisme*. Paris: Présence africaine, 1955 [Ed. port.: *Discurso sobre o colonialismo*, trad. de Noémia de Sousa. Lisboa: Sá da Costa, 1977]. Frantz Fanon, *Les Damnés de la terre*, in *Œuvres*. Paris: La Découverte, 2011 [Ed. bras.: *Os condenados da terra*, trad. de José Laurênio de Melo. Rio de Janeiro: Civilização Brasileira, 1968].
57. Frédéric Lordon, *Imperium. Structures et affects des corps politiques*. Paris: La Fabrique, 2015, p. 16.

_CAPÍTULO 2

A SOCIEDADE DA INIMIZADE

Talvez tenha sido sempre assim.[1] Talvez as democracias tenham sido sempre comunidades de semelhantes e, portanto, como foi argumentado no capítulo anterior, círculos de separação. Pode ser que sempre tenham tido escravos, um conjunto de pessoas que, de uma forma ou de outra, sempre foram percebidas como parcela estrangeira, populações excedentes, indesejáveis, das quais se sonha em se livrar e que, nessa condição, "tinham poucos direitos, nenhum direito ou eram até mesmo afastadas totalmente do exercício do poder político".[2] Isso é bem possível.

Também é possível que uma "democracia universal da humanidade" não predomine "de modo algum no nosso mundo" e que, como a Terra está dividida em Estados, é dentro de Estados que se busque realizar a democracia, isto é, em última instância,

1. A história é, "na essência, uma longa série de matanças de povos", já dizia Freud em 1915 (Sigmund Freud, *Notre relation à la mort*. Paris: Payot, 2012 [1915], p. 61 [Ed. alem.: "Zeitgemässes über Krieg und Tod", *Gesammelte Werke X*, pp. 324-55; ed. bras.: "Considerações atuais sobre a guerra e a morte" (1915), in *Obras completas de Sigmund Freud — "Introdução ao narcisismo, ensaios de metapsicologia e outros textos — 1914 — 1916"*, trad. de Paulo César Lima de Souza. v. 12. São Paulo: Companhia das Letras, 2010, pp. 156-184 e 174]). E Lacan reforçou nos anos 1950: "Porque já somos muito suficientemente uma civilização do ódio" (Jacques Lacan, *Séminaire-livre I*. Paris: Seuil, 1998, p. 306 [Ed. bras.: O *seminário, livro 1: Os escritos técnicos de Freud*, trad. de Betty Milan. Rio de Janeiro: Zahar, 1979, p. 316]).
2. Carl Schmitt, *Parlementarisme et démocratie*. Paris: Seuil, 1998, p. 107 [Ed. alem.: *Die geistesgeschichtliche Lage des heutigen Parlamentarismus*. Berlim: Duncker & Humblot, 1923; ed. bras.: "A situação intelectual do sistema parlamentar atual", *A crise da democracia parlamentar*, trad. de Inês Lohbauer. São Paulo: 1996, p. 11].

uma política de Estado que, distinguindo com clareza seus cidadãos (aqueles que pertencem ao círculo dos semelhantes) dos demais povos, mantenha firmemente à parte todos os dissemelhantes.[3] Por enquanto, basta repetir: nossa era decididamente se define pela separação, pelos movimentos de ódio, pela hostilidade e, acima de tudo, pela luta contra o inimigo, em decorrência da qual as democracias liberais, já tão escorchadas pelas forças do capital, da tecnologia e do militarismo, estão sendo sugadas em um amplo processo de inversão.[4]

O objeto perturbador

Ora, quem diz "movimento" necessariamente sugere o desencadeamento, se não de uma pulsão pura, pelo menos de uma energia primordial. Essa energia é alistada, conscientemente ou não, na busca de um desejo, de preferência um desejo mestre. Esse desejo mestre, a um só tempo campo de imanência e força feita de multiplicidades, tem como ponto de fixação um objeto (ou vários). Ontem, esses objetos tinham como nomes privilegiados negro e judeu. Hoje, negros e judeus têm outras alcunhas: islamismo, muçulmano, árabe, estrangeiro, imigrante, refugiado, intruso, para citar apenas alguns deles.

Mestre ou não, o desejo é também aquele movimento pelo qual o sujeito, envolvido de todos os lados por uma fantasia singular (de onipotência, de ablação, de destruição, de perseguição, o que quer que seja) procura ora fechar-se em si mesmo na esperança de garantir sua segurança diante do perigo externo, ora sair de si mesmo e enfrentar os moinhos de vento de sua imaginação, que agora o cercam. Na verdade, arrancado de sua estrutura, ele

3. Ibid., pp. 108-114 [Ibid., pp. 12-17].
4. Wendy Brown fala, por sua vez, de "desdemocratização". Wendy Brown, *Les Habits neufs de la politique mondiale. Néolibéralisme et néoconservatisme*. Paris: Les Prairies ordinaires, 2007. Cf. também Jean-Luc Nancy, *Vérité de la démocratie*. Paris: Galilée, 2008.

se vê lançado à conquista do objeto perturbador. E como esse objeto na verdade nunca existiu, não existe e nunca existirá, ele então o inventa incessantemente. No entanto, inventá-lo nem por isso o aproxima de se tornar realidade, a não ser na forma de um lugar vazio, mas cativante, um círculo alucinatório, ao mesmo tempo encantado e maléfico, que ele dali em diante habita como num sortilégio.

O desejo de inimigo, o desejo de apartheid (segregação e enclave) e a fantasia de extermínio ocupam, nos dias que correm, o lugar desse círculo encantado. Em muitos casos, basta um muro para expressá-lo.[5] Existem vários tipos de muros, e nem todos servem ao mesmo propósito.[6] Supõe-se que o muro divisor resolva a questão do excesso de presença, que se considera estar na origem de situações insustentáveis de penúria. Recuperar a sensação de existir depende, pois, da ruptura com aquele cuja ausência, ou mesmo cuja desaparição pura e simples, não se considera que seja vivenciada como uma forma de perda. Implica também admitir que entre ele e nós inexiste qualquer elemento comum. A angústia da aniquilação está, portanto, no centro dos projetos contemporâneos de separação.

Por toda parte, a construção de muros de concreto e de cercas metálicas e outras "barreiras de segurança" segue de vento em popa. Paralelamente aos muros, surgem outros dispositivos de segurança: postos de controle, cercas, torres de observação, trincheiras, todo tipo de demarcações que, em muitos casos, só servem para intensificar o isolamento, sem nunca conseguir afastar de uma vez por todas aqueles que são considerados veículos de ameaças. É o caso, por exemplo, das aglomerações palestinas literalmente cercadas por áreas sob controle israelense.[7]

5. Wendy Brown, *Walled States, Waning Sovereignty*. Nova York: Zone Books, 2014.
6. Eyal Weizman, "Walking Through Walls. Soldiers as Architects in the Israeli-Palestinian Conflict", *Radical Philosophy*, n. 136, março-abril de 2006, pp. 8–22.
7. Eyal Weizman, *Hollow Land. Israel's Architecture of Occupation*. Londres: Verso, 2012.

Aliás, a ocupação israelense dos Territórios Palestinos serve como laboratório para muitas das técnicas de controle, vigilância e segregação que agora estão sendo disseminadas em outras partes do mundo. Essas técnicas vão desde os bloqueios assíduos até a limitação do número de entradas de palestinos em Israel e nos assentamentos; da imposição de repetidos toques de recolher dentro dos enclaves palestinos e do controle dos deslocamentos até a detenção efetiva de cidades inteiras.[8]

Postos de controle permanentes ou volantes, blocos de concreto e amontoados de terra para bloquear estradas, controle do espaço aéreo e marítimo e dos fluxos de importação e exportação de todo tipo de mercadorias, incursões militares frequentes, demolições de casas, profanação de cemitérios, derrubada de campos de oliveiras, obliteração da infraestrutura e sua redução a pó, bombardeios de alta e média altitude, assassinatos dirigidos, artifícios de contrainsurgência urbana, estereotipagem de corpos e mentes, perseguições constantes, fragmentação territorial, violência celular e molecular, generalização dos campos, tudo é mobilizado para impor um regime de segregação, cujo funcionamento depende, paradoxalmente, da intimidade da proximidade.[9]

Em muitos aspectos, esses dispositivos remetem ao infame modelo do apartheid, com seus bantustões, vastos reservatórios de mão de obra barata; suas zonas brancas; suas múltiplas jurisdições e sua violência brutal e corriqueira. A metáfora do apartheid, porém, não é suficiente para capturar o projeto israelense de segregação. De saída, esse projeto se assenta numa base metafísica e existencial muito singular. Os recursos apocalípticos e catastróficos que lhe dão fundamento são muito mais complexos e estão

---

8. Amira Hass, "Israel Closure Policy. An Ineffective Strategy of Containment and Repression", *Journal of Palestinian Studies*, v. 31, n. 3, 2002, pp. 5-20.
9. Cédric Parizot, "Après le mur. Les représentations israéliennes de la séparation avec les Palestiniens", *Cultures & Conflits*, n. 73, 2009, pp. 53-72.

muito mais arraigados num intervalo temporal mais amplo do que tudo o que poderia oferecer o calvinismo sul-africano.[10] Além disso, em virtude de seu caráter *hi-tech*, os efeitos do projeto israelense sobre o corpo palestino são muito mais terríveis do que as operações relativamente primitivas empreendidas pelo regime do apartheid na África do Sul entre 1948 e o início da década de 1980. É o caso da miniaturização da violência, da sua celularização e molecularização e das técnicas de anulação tanto material quanto simbólica.[11] É também o caso dos procedimentos e técnicas de demolição de quase tudo — infraestrutura, casas, estradas, paisagens — e da dinâmica de destruição desenfreada, cujo fulcro é transformar a vida dos palestinos em uma pilha de ruínas e em um amontoado de lixo destinado à remoção.[12] Na África do Sul, os acúmulos de ruínas nunca atingiram tais dimensões.

Embora toda forma de inclusão fosse necessariamente disjuntiva, a segregação, por seu turno, jamais poderia deixar de ser parcial. Segregar radicalmente teria sido prejudicial à própria sobrevivência do opressor. A menos que as populações autóctones tivessem sido exterminadas desde o início, era impossível para a minoria branca realizar posteriormente uma limpeza étnica e racial sistemática, seguindo o modelo das outras colônias de povoamento. Expulsões em massa e deportações não chegaram a ser uma opção. Tendo o entrelaçamento de diferentes segmentos

---

10. Idith Zertal, *Israel's Holocaust and the Politics of Nationhood*. Cambridge: Cambridge University Press, 2010; Jacqueline Rose, *The Question of Zion*. Princeton: Princeton University Press, 2007; e Judith Butler, *Parting Ways. Jewishness and the Critique of Zionism*. Nova York: Columbia University Press, 2012.
11. Ver Saree Makdisi, "The Architecture of Erasure", *Critical Inquiry*, v. 36, n. 3, 2010, pp. 519-559. Cf. também: Mick Taussig, "Two Weeks in Palestine. My First Visit [1]". Disponível em: *http://criticalinquiry.uchicago.edu*.
12. Ver especialmente Ariella Azoulay, *Civil Imagination. A Political Ontology of Photography*. Nova York: Verso, 2015, pp. 125-173.

raciais se tornado a regra, a dialética da proximidade, da distância e do controle jamais chegou a atingir os limites paroxísticos observados no caso da Palestina.

Nos Territórios Ocupados, a proximidade se faz perceber, entre outras coisas, no controle que Israel continuamente exerce sobre a gestão dos registros demográficos e no monopólio que detém na emissão de carteiras de identidade palestinas. O mesmo acontece com quase todos os outros aspectos da vida cotidiana nos Territórios Ocupados, quer se trate dos deslocamentos cotidianos, da obtenção das mais diversas licenças ou do controle tributário. O que é peculiar a esse tipo de segregação não é apenas o fato de ela se adequar de bom grado à ocupação e, se preciso for, ao abandono.[13] Mais ainda, ela pode se transformar a qualquer momento em estrangulamento. A ocupação é, sob todos os aspectos, um combate corpo a corpo dentro de um túnel.

Do desejo de apartheid e do fantasma do extermínio, em especial, deve ser dito que de modo algum são novos e têm se metamorfoseado incessantemente ao longo da história, em especial nas antigas colônias de povoamento. Chineses, mongóis, africanos e árabes foram responsáveis, provavelmente muito antes dos europeus, pela conquista de imensas entidades territoriais. Eles estabeleceram complexas redes comerciais de longa distância através dos mares e desertos. Mas foi a Europa, possivelmente de forma pioneira na história moderna, que inaugurou uma nova era de repovoamento em escala global.[14] O repovoamento do mundo do século XVI ao século XIX teve uma característica dupla. Foi um processo tanto de excreção social (para os emigrantes que dei-

---

13. Adi Ophir, Michal Givoni e Sari Hanafi (eds.), *The Power of Inclusive Exclusion. Anatomy of Israeli Rule in the Occupied Palestinian Territories*. Nova York: Zone Books, 2009; e Neve Gordon, *Israel's Occupation*. Berkeley: University of California Press, 2008.
14. James Belich, *Replenishing the Earth. The Settler Revolution and the Rise of the Angloworld*. Oxford: Oxford University Press, 2009.

xaram a Europa para fundar colônias ultramarinas) quanto de virada e de arrebatamento histórico. Para os povos colonizados, ele vem sendo pago ao preço de novas sujeições.

Ao longo desse extenso período, o repovoamento do mundo muitas vezes assumiu os contornos de incontáveis atrocidades e massacres, de experiências inéditas de "limpeza étnica", de expulsões, transferências e reagrupamentos de populações inteiras em campos e até mesmo de genocídios.[15] Como uma combinação de sadismo e masoquismo, muitas vezes executada às cegas, ao sabor de situações em grande medida inauditas, o empreendimento colonial tendia a dissipar todas as forças que obstruíssem essas pulsões, ou então que buscassem inibir sua corrida rumo a todo tipo de prazeres perversos. Os limites do que ele considerava "normal" eram constantemente deslocados, e poucos desejos eram sujeitos a uma autêntica repressão, ao constrangimento ou ao asco. O mundo colonial era um mundo cuja propensão a acomodar a destruição de seus objetos, incluindo os nativos, era alucinante. Acreditava-se que qualquer objeto, caso se perdesse, podia ser facilmente substituído por outro.

Mais ainda, o princípio da segregação estava na gênese do empreendimento colonial. Em grande medida, colonizar consistia num trabalho permanente de separação — de um lado, meu corpo vivo e, do outro, todos esses corpos-coisas que o rodeiam; de um lado, minha carne humana, em função da qual todas essas outras carnes-coisas e carnes-comidas existem para mim; de um lado, eu, tecido por excelência e marco zero de orientação para o mundo e, de outro, os outros, com quem nunca posso me fundir plenamente; os quais posso fazer vir a mim, mas com quem

---

15. Ver especialmente A. Dirk Moses (ed.), *Empire, Colony, Genocide. Conquest, Occupation, and Subaltern Resistance in World History*. Nova York: Berghahn, 2008; Patrick Wolfe, "Settler Colonialism and the Elimination of the Native", *Journal of Genocide Research*, v. 8, n. 4, 2006, pp. 387-409.

nunca posso verdadeiramente manter relações de reciprocidade ou de implicação mútua.

No contexto colonial, o trabalho permanente de segregação — e, portanto, de diferenciação — era em parte decorrente da angústia de aniquilação que acometia os colonizadores. Em inferioridade numérica, mas dotados de poderosos meios de destruição, viviam com medo de serem cercados, por todos os lados, por objetos malignos que ameaçavam sua sobrevivência e ameaçavam constantemente subtrair seu sustento: os nativos, os animais selvagens, os répteis, os micróbios, os mosquitos, a natureza, o clima, as doenças, até mesmo os feiticeiros.

O sistema do apartheid na África do Sul e, a título paroxístico e num contexto distinto, a destruição dos judeus da Europa representaram duas manifestações emblemáticas desse fantasma da segregação. O apartheid, em especial, rejeitava abertamente a possibilidade de um mesmo corpo para mais de um. Pressupunha a existência de sujeitos originários distintos, já constituídos, formados cada um por uma carne de raça, por um sangue de raça, e capazes de evoluir no seu ritmo exato. Considerava-se que bastava lhes designar espaços territoriais específicos para renaturalizar sua estraneidade em relação uns aos outros. Esses distintos sujeitos originários eram chamados a agir como se seu passado não tivesse sido de "prostituição", de dependências paradoxais e de intrigas de todo tipo — o fantasma da pureza.[16] O fracasso do apartheid histórico em estabelecer, de uma vez por todas, fronteiras estanques entre uma pluralidade de carnes demonstrou *a posteriori* os limites do projeto colonial de segregação. A menos

---

16. Cornelis W. De Kiewiet, *A History of South Africa. Social and Economic*. Oxford: Oxford University Press, 1957; Nigel Penn, *The Forgotten Frontier. Colonists and Khoisan on the Cape's Northern Frontier in the 18th Century*. Athens: Ohio University Press, 2006.

que seja exterminado, o Outro já não nos é externo. Ele está dentro de nós, sob a dupla figuração do outro eu e do eu outro, cada um mortalmente exposto ao outro e a si mesmo.

O empreendimento colonial extraiu grande parte de sua substância e do excesso de energia de sua ligação com vários tipos de fluxos pulsionais, de desejos mais ou menos confessos, a maioria dos quais situados aquém do eu consciente dos agentes envolvidos. A fim de exercer um domínio duradouro sobre os autóctones que haviam subjugado e dos quais queriam a todo custo se diferenciar, os colonos tinham que os transformar, fosse como fosse, em *objetos psíquicos* os mais variados. Na situação colonial, todo o jogo das representações consistia, na verdade, em atribuir aos indígenas uma variedade de estereótipos.

Estereótipos que guardavam maior ou menor correspondência com os destroços de suas verdadeiras biografias, de seu estatuto original, de antes do encontro. Graças à matéria imagética assim produzida, um segundo estatuto, completamente artificial, o dos objetos psíquicos, foi enxertado em seu estatuto original, o das pessoas humanas autênticas. Para o nativo, o dilema era saber como, na prática cotidiana, encontrar um equilíbrio entre, de um lado, o objeto psíquico que era chamado a interiorizar e muitas vezes forçado a assumir como seu próprio eu e, de outro, a pessoa humana de pleno direito que havia sido, que apesar de tudo ainda era, mas que, nas circunstâncias coloniais, era forçado a esquecer.

Acontece que, uma vez inventados, esses motivos psíquicos se tornaram constitutivos do eu colonial. A posição de exterioridade que tinham em relação ao eu colonial se tornou assaz relativa. O investimento nesses objetos sustentava a continuidade do funcionamento psíquico da ordem colonial. Sem esses objetos e motivos, a vida afetiva, emocional e psicológica na colônia perdia seu teor e sua coerência. Ela gravitava em torno desses motivos. Dependia, para manter a vitalidade, de seu contato permanente com esses objetos e se mostrava particularmente vulnerável ao afastamento deles. Em situações coloniais ou paracoloniais, o objeto mau, aquele que sobreviveu a uma destruição inicial, nunca pode ser concebido como algo totalmente externo a mim. Já de saída, ele é desdobrado, sendo ao mesmo tempo objeto e sujeito. Por ser portado por mim ao mesmo tempo em que me porta, não consigo me livrar dele simplesmente por meio da perseguição e da obstinação. No fundo, sou perfeitamente capaz de destruir tudo o que abomino, mas isso não me exime do vínculo que eu mantinha com o terceiro destruído, ou com o terceiro de quem me separei. Isso porque *o objeto mau e eu nunca estamos completamente separados. Ao mesmo tempo, nunca estamos completamente juntos.*

O inimigo, esse Outro que eu sou

Irreprimíveis, o desejo de inimigo, o desejo de apartheid e a fantasia do extermínio constituem a linha de frente, em suma, a prova de fogo do início deste século. Vetores por excelência da descerebração contemporânea, por toda parte eles fazem com que os regimes democráticos, ao abrir a boca, exalem um hálito fétido e, em delírio furioso, levem vidas de bêbados. A um só tempo estruturas psíquicas difusas e forças genéricas e passionais, eles deixam sua marca no tom afetivo que predomina em nosso tempo e incitam muitas lutas e mobilizações contemporâneas. Lutas e mobilizações essas alimentadas por uma visão ameaçadora e inquietante do mundo que dá primazia à lógica da desconfiança, a tudo que é secreto e a tudo que remete à conspiração e ao oculto.[17] Levadas às suas últimas consequências, elas desembocam quase inexoravelmente no anseio de destruir — o sangue derramado,

---

17. Ver Peter L. Geschiere, *Sorcellerie et politique en Afrique. La viande des autres.* Paris: Karthala, 1995.

o sangue convertido em lei, em expressa continuidade com a *lex talionis* (a lei do talião) do Antigo Testamento. Neste período deprimente da vida psíquica das nações, a necessidade do inimigo, ou então a pulsão do inimigo, já não é, portanto, apenas uma exigência social. É o equivalente a uma necessidade quase anal de ontologia. No contexto da rivalidade mimética exacerbada pela "guerra ao terror", dispor, preferencialmente de forma espetacular, do próprio inimigo se tornou passagem obrigatória na constituição do sujeito e em sua entrada na ordem simbólica do nosso tempo. Na realidade, tudo acontece como se a negação do inimigo fosse vivida, enquanto tal, como uma profunda ferida narcísica. Ser privado do inimigo — ou não ter sofrido atentados ou outros atos sangrentos fomentados por aqueles que nos odeiam a nós e ao nosso modo de vida — equivale a ser privado do tipo de relação de ódio que permite que se dê vazão aos mais variados desejos que de outra forma seriam proibidos. É ser privado do demônio sem o qual quase nada é permitido, por mais que nossa época apele com enorme urgência à licença plena, ao desbridamento e à desinibição generalizada. É também se ver frustrado em sua compulsão de se atemorizar, em sua capacidade de demonizar, no tipo de prazer e satisfação sentidos quando o suposto inimigo é abatido pelas forças especiais ou quando, capturado vivo, é submetido a intermináveis interrogatórios e levado para ser torturado em um ou outro dos lugares secretos que maculam nosso planeta.[18]

Uma época eminentemente política, portanto, uma vez que o que define a política, se por um instante dermos ouvido a Carl Schmitt, é "a diferenciação entre amigo e inimigo".[19] No mundo de Schmitt, que se tornou o nosso, o conceito de inimigo deveria

18. Ver Mohamedou Ould Slahi, *Les Carnets de Guantanamo*. Paris: Michel Lafon, 2015.
19. Carl Schmitt, *La Notion de politique*. *Théorie du partisan*. Paris: Flammarion, 1992, p. 64 [Ed. alem.: *Der Begriff des Politischen. Text von 1932 mit einem Vorwort und drei Corolarien*. Berlim: Duncker & Humblot, 1963, p. 26; *Theorie des Partisanen. Zwischenbemerkung zum*

ser entendido em sua acepção concreta e existencial, e não como uma metáfora ou como uma abstração vazia e sem vida. O inimigo de que trata Schmitt não é um mero concorrente ou adversário, nem um rival privado que se possa odiar ou por quem se possa nutrir antipatia. Ele se refere a um antagonismo supremo. Ele é, em seu corpo como em sua carne, aquele cuja morte física se pode provocar, porque ele nega, de modo existencial, o nosso ser.

No entanto, para diferenciar entre amigo e inimigo, esse ainda precisa ser identificado com alguma certeza. Figura desconcertante da ubiquidade, torna-se agora ainda mais perigoso por estar em toda parte: sem rosto, sem nome e sem lugar. Ou então, se tiver rosto, serão tão somente *um rosto velado, um simulacro de rosto*. E se tiver nome, será tão somente um criptônimo — um nome falso, cuja função precípua é a dissimulação. Avançando, ora mascarado, ora exposto, ele está entre nós, à nossa volta, até mesmo dentro de nós, capaz de surgir em plena luz do sol ou no meio da noite e, em cada uma de suas aparições, é o nosso próprio modo de vida que ameaça aniquilar.

Tanto para Schmitt outrora como para nós atualmente, a política deve, pois, sua carga vulcânica ao seguinte fato: por estar intimamente ligada a uma vontade existencial de projeção do poder, ela necessariamente e por definição conduz a esta circunstância extrema que é o emprego infinito de meios puros e sem fim — a consumação do assassinato. Apoiada na lei da espada, ela é a contraposição "em virtude da qual [se poderia] exigir dos seres humanos sacrificarem sua vida" (*a morte pelos outros*); em virtude da qual o Estado poderia autorizar um ser humano "a derramar sangue e matar outros seres humanos" (*causar a morte*) por conta de sua real ou suposta pertença ao campo do inimigo.[20]

Begriff des Politischen. Berlim: Duncker & Humblot, 1963; ed. bras.: *O conceito do político/Teoria do Partisan*, trad. de Geraldo de Carvalho. Belo Horizonte: Del Rey, 2009, p. 27].
20. Ibid., p. 73 [Ibid., pp. 37-38].

A política é, deste ponto de vista, uma forma específica de reagrupamento para um combate que é ao mesmo tempo decisivo e profundamente obscuro. Mas não se trata apenas de uma questão de Estado e de morte delegada, pois envolve igualmente não só a possibilidade do sacrifício e da imolação, mas também, e literalmente, a do suicídio.

Pois, afinal, o suicídio interrompe brutalmente qualquer dinâmica de sujeição e qualquer possibilidade de reconhecimento. Dar adeus à própria vida de maneira voluntária, entregando-se à morte, não significa necessariamente desaparecer de si mesmo. É pôr voluntariamente um fim ao risco de ser tocado pelo Outro e pelo mundo. É recorrer ao tipo de desinvestimento que obriga o inimigo a confrontar o seu próprio vazio. O suicida não quer mais se comunicar, nem pela fala nem pelo gesto violento, exceto talvez no momento em que, dando cabo da própria vida, também põe um fim à vida dos seus alvos. O matador se mata e mata ao se matar, ou depois de ter matado. Em todo caso, não busca mais participar do mundo como ele é. Ele se desfaz de si mesmo e, a reboque, de alguns inimigos. Ao fazer isso, tira férias do que era e se dissocia das responsabilidades que eram suas enquanto pessoa viva.[21]

O suicida que mata seus inimigos no ato de se matar mostra até que ponto, no que se refere à política, a verdadeira fratura contemporânea é a que contrapõe aqueles que se agarram a seus corpos e que assumem o corpo como a vida e aqueles para quem o corpo só abre o caminho para uma vida feliz se for expurgado. Quem se predispõe ao martírio se lança em busca de uma vida feliz. Vida essa que ele acredita residir junto ao próprio Deus. Ela nasce de uma vontade de verdade que é assimilada a uma vontade de pureza. E não existe relacionamento autêntico com Deus que não seja por meio da conversão, ato pelo qual a pessoa se torna outra em relação a si mesma e, ao fazê-lo, escapa à vida postiça,

---

21. Talal Asad, *On Suicide Bombing*. Nova York: Columbia University Press, 2007.

ou seja, impura. Aceitar o martírio é fazer um voto de destruição da vida corporal, da vida impura. De fato, frequentemente, o que resta do corpo do crente zeloso são apenas resquícios no meio de outros objetos, traços mais ou menos profusos (sangue) entre tantos outros, vestígios, em suma, peças de um enigma (balas, armas, telefones) e talvez arranhões e marcas. Mas hoje é raro o suicida sem os seus aparelhos, na confluência da balística e da eletrônica — chips que precisam ser inquiridos, componentes de memória que precisam ser interrogados. No sentido estrito do termo, pôr um fim à própria vida ou *abolir-se a si mesmo* é, pois, incumbir-se da dissolução dessa entidade aparentemente simples que é o corpo.

Que o ódio ao inimigo, a necessidade de neutralizá-lo e o desejo de evitar o perigo e o contágio do qual ele seria o vetor representem as derradeiras expressões da política no espírito contemporâneo é algo que pode ser explicado. De um lado, e por terem se convencido de que estão enfrentando uma ameaça permanente, as sociedades contemporâneas têm sido mais ou menos forçadas a viver seu cotidiano sob a forma de "pequenos traumas" reiterados — um atentado aqui, uma crise de reféns ali, depois um tiroteio e o alerta permanente. A utilização de novos instrumentos tecnológicos permite o acesso à vida privada dos indivíduos. Técnicas insidiosas, secretas e por vezes abusivas de vigilância em massa visam seus pensamentos, opiniões, movimentos e até mesmo sua intimidade. Com a ampla reprodução do efeito do medo, as democracias liberais continuam fabricando espantalhos para lhes meter medo — hoje a jovem velada, amanhã o aprendiz de terrorista retornado dos campos de batalha do Oriente Próximo e Médio, e, de modo geral, os lobos solitários ou células dormentes de tocaia nos interstícios da sociedade que espreitam, buscando o momento propício para passar à ação.

E o que dizer do "muçulmano", do estrangeiro ou do imigrante a respeito dos quais se tecem incessantemente, muito além de qualquer medida do razoável, imagens que pouco a pouco se invocam umas às outras por associação? Independentemente do fato de não haver concordância entre elas e a realidade, as fantasias primárias não conhecem nem a dúvida nem a incerteza. A massa, diz Freud, "é excitada apenas por estímulos desmedidos. Quem quiser influir sobre ela, não necessita medir logicamente os argumentos; deve pintar com as imagens mais fortes, exagerar e sempre repetir a mesma coisa".[22]

Nossa era é a do triunfo da moralidade de massa.[23] Os regimes psíquicos contemporâneos levaram ao seu nível máximo de exacerbação a exaltação da afetividade e, paradoxalmente, nesta era tecnotrônica e digital, o desejo de mitologia e a sede de mistérios. A expansão acelerada da razão algorítmica (que sabemos servir de apoio decisivo para a financeirização da economia) anda de mãos dadas com a ascensão do raciocínio mítico-religioso.[24] A crença zelosa não é mais considerada a antítese do conhecimento racional. Pelo contrário, uma serve de suporte ao outro e ambos são colocados a serviço de experiências viscerais, das quais a "comunhão dos mártires" representa um dos ápices.

As convicções e certezas íntimas adquiridas no final de uma lenta jornada "espiritual", pontuadas pela revolta e pela conversão, não decorrem de fanatismos tolos, da loucura bárbara ou do delírio, mas da "experiência interior" que só pode ser partilhada

22. Sigmund Freud, *Psychologie de masse et analyse du moi*. Paris: Seuil, 2014, pp. 62-63 [Ed. alem.: *Massenpsychologie und Ich-Analyse*. Leipzig, Viena, Zurique: Internationaler Psychoanalytischer Verlag, 1921; republicado em *Gesammelte Werke* XIII, pp. 71-161 e em *Studienausgabe* IX, pp. 61-134; ed. bras.: "Psicologia das massas e análise do Eu", *Obras Completas, vol. 15: Psicologia das massas e análise do Eu e outros textos (1920-1923)*, trad. de Paulo César de Souza. São Paulo: Companhia das Letras, 2011, p. 7].
23. Gustave Le Bon, *Psychologie des foules*. Paris: PUF, 2013 [1895].
24. Ver Jean Comaroff, "The politics of conviction. Faith on the neo-liberal frontier", *Social Analysis*, v. 53, n. 1, 2009, pp. 17-38.

por aqueles que, confessando a mesma fé, obedecem à mesma lei, às mesmas autoridades e aos mesmos mandamentos. Em grande medida, eles pertencem à mesma comunidade. Comunidade essa formada por comungantes, os "condenados da fé", fadados a dar testemunho, por palavras e atos, até as últimas consequências se necessário, do caráter finalista da própria verdade divina.

Na lógica mítico-religiosa do nosso tempo, o divino (assim como o mercado, o capital ou a política) é quase sempre percebido como uma força imanente e imediata, vital, visceral e energética. Os caminhos da fé supostamente levam a estados ou atos considerados escandalosos do ponto de vista da simples razão humana; ou a riscos, rupturas aparentemente absurdas e até mesmo a obstinações sangrentas — o terror e a catástrofe em nome de Deus. Um dos efeitos da fé e do zelo é suscitar grande entusiasmo, o tipo de entusiasmo que abre a porta para a *grande decisão*.

Com efeito, são muitos os que hoje vivem apenas à espera desse evento. O martírio é um dos meios utilizados pelo condenado da fé para pôr fim a essa espera. Homens de fé e homens de entusiasmo são os que hoje procuram fazer história por intermédio da grande decisão, ou seja, cometendo atos vertiginosos de caráter imediato e sacrificial. Por meio de tais atos, o condenado da fé enfrenta, de olhos abertos, o dispêndio e a perda. Animado pela vontade de totalidade, ele procura se tornar um sujeito singular, mergulhando nas fontes disjuntivas e até mesmo demoníacas do sagrado. Abraçar a perda consentida, aquela que destrói tanto a linguagem quanto o sujeito do discurso, permite inculcar o divino na carne de um mundo convertido em dom e graça. Não é mais uma questão de suplício, mas de aniquilação, de travessia de si mesmo até Deus. O destino desses atos sacrificiais é dominar a vida não mais a partir de fora, mas de dentro; produzir uma nova moral e, pela via de uma batalha decisiva, se necessário sangrenta e de todo modo definitiva, viver um dia a experiência da exultação e da afirmação extática e soberana.

Os condenados da fé

O raciocínio mítico-religioso não é apanágio exclusivo dos grupos terroristas. Em seus esforços para erradicar o terrorismo e completar sua transformação em Estados de segurança, as democracias liberais já não hesitam em recorrer aos grandes conjuntos mitológicos. Quase não há nenhuma entre elas que atualmente se furte a invocar o entusiasmo bélico, muito amiúde no afã de remendar o velho estofo nacionalista. Qualquer atentado que resulte em mortes humanas dá automaticamente origem a um luto sob encomenda. A nação é convocada a derramar em público lágrimas de rancor e a se erguer diante do inimigo. E do pranto às armas, o caminho já está sempre traçado. Vestido com as indumentárias do direito internacional, dos direitos humanos, da democracia ou simplesmente da "civilização", o militarismo já não precisa avançar disfarçado.[25] Para reavivar o ódio, os cúmplices de ainda ontem são subitamente transformados em "inimigos da humanidade toda" e a violência bruta é retificada.

Pois, assim como há não muito tempo ainda precisavam da divisão da humanidade em senhores e escravos, as democracias liberais dependem nos dias de hoje, para sua sobrevivência, da divisão entre o círculo dos semelhantes e dos dissemelhantes, ou então entre os amigos e "aliados" e os inimigos da civilização. Sem inimigos, é difícil para elas se manterem de pé por conta própria. Se tais inimigos realmente existem ou não é irrelevante. Basta criá-los, encontrá-los, desmascará-los e expô-los à luz do dia.

25. Nicola Perugini e Neve Gordon, *The Human Right to Dominate*. Oxford: Oxford University Press, 2015.

Esse trabalho se tornou cada vez mais oneroso a partir do momento que nos convencemos de que os inimigos mais ferozes e intrépidos se instalaram nos poros mais ínsitos da nação. Eles formam agora uma espécie de cisto que destrói a partir de dentro as promessas mais fecundas da nação. Como, então, apartá-la daquilo que a corrói sem prejudicar o seu próprio corpo, a guerra civil? Buscas, apreensões, controles os mais diversos, prisões domiciliares, inclusão na legislação ordinária de disposições decorrentes do estado de emergência, proliferação de práticas derrogatórias de direitos, ampliação dos poderes conferidos à polícia e aos serviços de inteligência e, se necessário, perda da nacionalidade — tudo é colocado em vigor para atingir, nos golpes cada vez mais duros que nos são desferidos, não necessariamente os perpetradores de nossos males, mas sim, casualmente, àqueles que a eles se assemelhem. Estamos, assim, fazendo outra coisa que não repetir e perpetuar aquilo ao que afirmamos nos contrapor? Ao proceder à morte de tudo o que não está incondicionalmente em nosso favor, não estamos afinal trabalhando para reproduzir de maneira incessante tudo o que compõe a tragédia do homem que é presa do ódio e incapaz de se libertar dele?

Assim como no passado, a guerra contra inimigos existenciais é novamente concebida em termos metafísicos. É uma grande provação, envolvendo a totalidade do ser, sua verdade. Esses inimigos, com os quais nenhum acordo é possível ou desejável, aparecem geralmente sob a forma de caricaturas, clichês e estereótipos. Caricaturas, clichês e estereótipos que lhes conferem uma presença figurativa, essa forma de presença que, em contrapartida, apenas confirma o tipo de ameaça (ontológica) que fazem pesar sobre nós. Figura espectral e presença figurativa, portanto, nesta era tanto de reencantamento do solo e do sangue quanto de crescente abstração, em que os elementos culturais e biológicos da inimizade se revezam e passam a formar um único feixe comum.

Com a imaginação açulada pelo ódio, as democracias liberais se alimentam constantemente das mais variadas obsessões a respeito da verdadeira identidade do inimigo. Mas quem é ele realmente? Trata-se de uma nação, de uma religião, de uma civilização, de uma cultura ou de uma ideia?

Estado de insegurança

Atuando em conjunto, movimentos de ódio, formações engajadas na economia da hostilidade, da inimizade e das lutas multifacetadas contra o inimigo contribuíram, no final do século XX, para um aumento significativo das formas e dos níveis aceitáveis de violência que podem (ou devem) ser infligidos aos fracos, aos inimigos e aos intrusos (todos os que não foram considerados como sendo dos nossos); contribuíram para uma intensificação das relações de instrumentalização na sociedade; para mudanças profundas nos regimes contemporâneos do desejo e dos afetos coletivos. Além disso, favoreceram o surgimento e a consolidação de uma forma de Estado que tem sido chamada de Estado de segurança e de vigilância.

O Estado de segurança se alimenta de um *estado de insegurança* que ele próprio ajuda a fomentar e para o qual pretende ser a resposta. Se o estado de segurança é uma estrutura, o estado de insegurança é uma paixão, ou um afeto, uma condição, ou mesmo uma força de desejo. Em outras palavras, o estado de insegurança é o que faz funcionar o Estado de segurança, na medida em que este é, no fundo, uma estrutura responsável por investir, organizar e desviar as pulsões constitutivas da vida humana contemporânea. Quanto à guerra encarregada de vencer o medo, ela não é local, nacional ou regional. Sua superfície é planetária e a vida cotidiana é seu teatro privilegiado de ação. Porque o Estado de segurança pressupõe a impossibilidade de uma "cessação das hostilidades" entre nós e aqueles que ameaçam nosso modo de vida — e pressupõe, portanto, a existência de um inimigo irredutível que nunca para de se metamorfosear —, essa guerra agora é permanente. Reagir às ameaças internas — ou vindas de fora e difundidas por dentro — agora exige a mobilização de uma série de atividades paramilitares e de enormes recursos psíquicos. Enfim, assumidamente movido por uma mitologia da liberdade que deriva, no fundo, de uma metafísica da força, o Estado de segurança se preocupa menos com a distribuição de cargos e prebendas do que com o projeto de dispor da vida dos seres humanos, sejam eles seus súditos ou aqueles que designou como seus inimigos.

Essa liberação da energia psicogênica se manifesta por meio de um apego crescente ao que outrora era chamado de ilusão. No entendimento clássico, a ilusão se contrapunha à realidade. Tomando os efeitos por causas, a ilusão consagrava o triunfo das imagens e do mundo das aparências, dos reflexos e do simulacro. Fazia parte do mundo da ficção, por oposição ao mundo real, surgido da tessitura íntima das coisas e da vida. A *demanda por um excedente imaginário*, necessário para a vida cotidiana, não apenas foi acelerada. Ela se tornou irreprimível. Esse excedente imaginário não é percebido como um complemento a uma existência que seria mais "real" por estar supostamente mais ajustada ao ser e à sua essência. Por muitos, ela é vivida como o motor do real, como a própria condição de sua plenitude e de seu esplendor. Outrora confiada às religiões de salvação, a produção desse excedente hoje é delegada cada vez mais ao capital e aos mais variados tipos de objetos e tecnologias.

Tanto o mundo dos objetos e máquinas quanto o próprio capital se apresentam cada vez mais como uma espécie de religião animista. Nem sequer o status da verdade deixa de ser questionado. Certezas e convicções são tidas por verdades. Nada exige raciocínio. Basta acreditar e se render. Em decorrência disso, a deliberação pública (um dos elementos essenciais da democracia) não consiste mais em discutir e buscar juntos e diante dos olhos de todos os cidadãos a verdade e, em última instância, a justiça. Como a grande oposição não é mais a que separa o verdadeiro do falso, o pior passa a ser agora a dúvida. Pois na luta concreta que nos opõe aos nossos inimigos, a dúvida bloqueia a liberação total das energias voluntaristas, emocionais e vitais necessárias ao emprego da violência e, se preciso for, ao derramamento de sangue. As reservas de credulidade também foram ampliadas. Paradoxalmente, essa ampliação se fez acompanhar pela aceleração exponencial dos desenvolvimentos tecnológicos e das inovações industriais, pela digitalização ininterrupta dos fatos e das coisas e pela relativa generalização daquilo que convém chamarmos de *a vida eletrônica e seu duplo, a vida roboticamente ajustada*.[26] Está de fato começando uma fase sem precedentes na história da humanidade, durante a qual será cada vez mais difícil, se não impossível, dissociar os organismos humanos dos fluxos eletrônicos, a vida dos humanos da dos processadores. Essa fase foi possibilitada pelo *know-how* acumulado em matéria de armazenamento de volumes colossais de fluxos, pela extrema potência e velocidade de seu processamento e pelos progressos realizados na composição algorítmica. O ponto final dessa virada digital-cognitiva deve ser a infiltração generalizada dos chips no interior dos tecidos biológicos. O acoplamento humano-maquínico, já em curso, não só tem levado à gênese de novas mitologias do objeto técnico, mas tem tido também como consequência imediata o questionamento do estatuto do sujeito moderno oriundo da tradição humanista.

Outro fator decisivo no processo de liberação da energia psicogênica é a suspensão das inibições pulsionais (o retorno da parte excluída, as estruturas de acolhimento do que foi recalcado)

---

26. A respeito desses desenvolvimentos, ver Éric Sadin, *L'Humanité augmentée. L'administration numérique du monde*. Paris: L'Échappée, 2013.

e a multiplicação dos ganhos de prazer decorrentes dessa suspensão e do fato de a consciência moral ser dispensada, quando não é simplesmente tirada de operação. Ganhos de prazer de que tipo podem ser obtidos hoje por alguém que suspende ou suprime suas inibições pulsionais ou tira sua consciência moral de operação? O que explica a atração que atualmente é exercida sobre as multidões pela ideia de poder absoluto e irresponsável? E a disposição às ações mais extremas, a receptividade aos argumentos mais simples e imperfeitos? E a prontidão a se alinhar com os outros, ou, no caso das potências do mundo, a se deixar arrastar para as mais abomináveis temeridades tão somente pela mera consciência da própria força?

Responder a essas perguntas exige que se diga uma palavra a respeito dos mecanismos fundamentais da vida passional nas condições atuais.[27] A interconexão quase integral, pela via das novas tecnologias, não apenas induziu novos procedimentos de formação das massas. Hoje, gerar massa é praticamente o mesmo que gerar horda. Na verdade, nossa época não é mais de massas. É de hordas virtuais. Onde quer, no entanto, que ela ainda sobreviva, a massa "é excitada apenas por estímulos desmedidos".[28] "Ela respeita a força", diz Freud, e "deixa-se influenciar apenas moderadamente pela bondade, que para ela é uma espécie de fraqueza. O que ela exige de seus heróis é fortaleza, até mesmo violência. Quer ser dominada e oprimida, quer temer os seus senhores".[29]

Assim, cindiu-se praticamente por toda a parte o campo tradicional dos antagonismos. Dentro das fronteiras nacionais, assistimos ao desenvolvimento de novas formas de agrupamento e de luta. Elas não são mais conduzidas com base na afiliação de

---

27. As observações a seguir foram em grande medida inspiradas pelo ensaio de Frédéric Lordon, *Capitalisme, désir et servitude*. *Marx et Spinoza*. Paris: La Fabrique, 2010.
28. Sigmund Freud, op. cit., pp. 62-63 [Sigmund Freud, op. cit., p. 7].
29. Ibid., p. 63 [Ibid., pp. 7-8].

classe, mas em função dos laços de parentesco e, portanto, de sangue. À antiga distinção entre amigos e inimigos se sobrepõe agora uma outra, entre parentes e não parentes, isto é, entre aqueles e aquelas que estão ligados pelo mesmo sangue ou pela mesma "estirpe" e aqueles que se consideram provenientes de outro sangue, de outra cultura e de outra religião. Vindos de outro lugar, são, no fundo, pessoas que não poderiam ser consideradas nossos concidadãos e com as quais não teríamos quase nada em comum. Vivendo entre nós, mas sem serem dos nossos de verdade, deveriam ser repelidos, devolvidos ao lugar de onde vieram ou simplesmente expulsos de nossas fronteiras, no contexto do novo Estado de segurança que agora marca nossas vidas. A pacificação interna, a "guerra civil silenciosa" ou molecular, o encarceramento em massa, a dissociação entre nacionalidade e cidadania, as execuções extrajudiciais no quadro da política penal e criminal, tudo isso contribui para borrar a velha distinção entre segurança interna e externa, em um cenário de exacerbação dos sentimentos racistas.

Nanorracismo e narcoterapia

À primeira vista, pois, pode-se dizer que a demanda foi ouvida. Nossa era parece ter finalmente descoberto sua verdade. Faltava-lhe apenas a coragem de proclamá-la.[30] Tendo-se reconciliado com seu verdadeiro rosto, ela pode finalmente se permitir vagar nua, livre de qualquer inibição, despojada de todas as suas velhas máscaras e de todos os disfarces impostos que lhe serviam de tapa-sexo. A grande repressão (tendo em vista que ela nunca ocorreu realmente) se faz seguir, assim, pela grande descompressão, mas a que custo, para quem e até quando?

30. As observações a seguir recuperam parcialmente meu texto "Nanoracisme et puissance du vide", in Nicolas Bancel, Pascal Blanchard, Ahmed Boubeker (eds.), *Le Grand Repli*. Paris: La Découverte, 2015, pp. 511.

De fato, nas salinas deste início de século, não há absolutamente mais nada a esconder. Tendo sido atingido o fundo do poço, tendo sido quebrados todos os tabus, contra o pano de fundo da tentativa de pôr fim ao sigilo e à interdição enquanto tais, doravante tudo é entregue à sua transparência e, portanto, tudo também é impelido à sua culminação derradeira. A cisterna está quase cheia e o crepúsculo não tarda a chegar. Se esse desenlace ocorrerá em um dilúvio de fogo ou não, não demoraremos para descobrir.

Enquanto isso, a maré não para de subir. O racismo — na Europa, na África do Sul e no Brasil, nos Estados Unidos, no Caribe e no resto do mundo — permanecerá conosco no futuro próximo.[31] Esse será o caso não apenas na cultura de massa, mas também — e seria bom não nos esquecermos disto — no seio da alta sociedade. Será esse o caso não apenas nas antigas colônias de povoamento, mas também nas outras regiões do planeta, que os judeus há muito abandonaram e onde nem negros nem árabes jamais geraram estirpes.

De resto, agora será preciso se acostumar: antes, as pessoas se divertiam com jogos, circos, intrigas, conluios e fofocas. Neste tedioso banco de gelo que a Europa está se tornando, mas também em outros lugares, seremos agora entretidos pelo nanorracismo, uma forma de narcoterapia remendada, encorujada, de bico potente, adunco e afiado, a naftalina por excelência para tempos de torpor e de paralisia flácida, quando toda a elasticidade se perdeu e tudo dá a impressão de ter se contraído de repente. Contratura e tetania — é disso que precisamos tratar, com tudo o que implicam em termos de cãibras, espasmos e estreitamento do espírito —, é o nanorracismo deixando seu rastro.

Mas o que se deve entender por nanorracismo, senão essa forma narcótica do preconceito de cor que se expressa nos gestos

---

31. Ver David Theo Goldberg e Susan Giroux, *Sites of Race*. Londres: Londres, 2014; e David Theo Goldberg, *Are We All Postracial Yet?*. Londres: Polity, 2015.

aparentemente inócuos do dia a dia, por causa de uma insignificância, uma afirmação aparentemente inconsciente, uma brincadeira, uma alusão ou uma insinuação, um lapso, uma piada, algo implícito e, que se diga com todas as letras, uma malícia voluntária, uma intenção maldosa, um menosprezo ou um estorvo deliberados, um obscuro desejo de estigmatizar e, acima de tudo, de agredir, de ferir e humilhar, de profanar aquele que não consideramos como sendo dos nossos?

Obviamente, na era do nanorracismo desavergonhado, quando se trata apenas dos nossos e do outro, pouco importa se com maiúsculas ou minúsculas, ninguém mais quer ouvir falar disso. Pois que fiquem lá onde vivem, ouve-se dizer. Ou se teimam em querer morar perto de nós, onde nós vivemos, deve ser com o traseiro à mostra, de calças arriadas, a descoberto. A era do nanorracismo é de fato a era do racismo imundo, do racismo da navalha encardida, do espetáculo dos porcos chafurdando na lama.

Sua função é transformar cada um de nós em celerados com luvas de pelica. É colocar em condições intoleráveis o maior número possível daqueles e daquelas que consideramos indesejáveis, encurralá-los cotidianamente, infligir-lhes reiteradamente um número incalculável de golpes e feridas, privá-los de qualquer direito adquirido, enfumaçar a colmeia e aviltá-los a tal ponto que não lhes reste escolha além da autodeportação. E já que estamos falando de feridas racistas, ainda precisamos estar cientes de que se trata geralmente de lesões ou cortes sofridos por um sujeito humano atingido por um ou mais golpes de um caráter bem específico — golpes dolorosos e difíceis de esquecer, porque atingem o corpo e sua materialidade, mas também e acima de tudo o intangível (a dignidade, a autoestima). Seus vestígios, no mais das vezes, são invisíveis e seus ferimentos, difíceis de cicatrizar.

E já que estamos falando de lesões e cortes, ainda precisamos estar cientes de que, tanto nesse banco de gelo em que tende a se converter a Europa quanto na América, na África do Sul e no Brasil, no Caribe e em outros lugares, temos agora que contar às centenas de milhares aqueles e aquelas que sofrem todos os dias feridas racistas. Eles correm com frequência o risco de serem atingidos com toda a força por alguém, por uma instituição, uma voz, uma autoridade pública ou privada que lhes exige que justifiquem quem são, por que estão ali, de onde vêm, para onde vão, por que não voltam para o lugar de onde vieram, uma voz ou autoridade que busca de maneira deliberada provocar-lhes um menor ou maior choque, irritá-los, ofendê-los, injuriá-los, fazê-los sair dos eixos, justamente para ter o pretexto necessário para profaná-los, para sem nenhum pudor violar aquilo que lhes é mais privado, mais íntimo e mais vulnerável.

Em se tratando de violação reiterada, cabe ainda ressaltar que o nanorracismo não é prerrogativa do "branco pobre",[32] esse subalterno corroído pelo ressentimento e pelo rancor, que odeia profundamente sua condição, mas que não se esfalfaria por qualquer migalha, e cujo pior pesadelo é acordar um dia recoberto com a pele negra ou com a pele morena de um árabe, não lá longe, em uma longínqua colônia de outrora, mas sim — e seria este o cúmulo — aqui mesmo, em casa, em seu próprio país.

O nanorracismo tornou-se o complemento necessário do racismo hidráulico, o dos micro e macrodispositivos jurídico--burocráticos e institucionais, da máquina estatal que mergulha de cabeça na fabricação de clandestinos e ilegais; que isola de maneira incessante a ralé em campos na periferia das cidades, como um amontoado de objetos desconjuntados; que multiplica em profusão os "sem papéis"; que pratica ao mesmo tempo a expulsão do território e a eletrocussão nas fronteiras, quando não se

---

[32] No original, *"petit Blanc"*. No contexto colonial francês, a população branca se dividia em *grands blancs*, estrato abastado composto por proprietários e burocratas, e *petits blancs*, a camada dos artesãos e trabalhadores braçais brancos. [N. T.]

acomoda pura e simplesmente ao naufrágio em alto-mar; que aos quatro ventos fiscaliza os rostos que se encaixam num determinado perfil étnico, nos ônibus, nos aeroportos, no metrô, na rua; que *desvela* as muçulmanas e freneticamente ficha seus familiares; que multiplica os centros de retenção e de detenção e os campos de trânsito; que investe, sem considerar os custos, em técnicas de deportação; que discrimina e pratica a segregação à plena luz do dia, ao mesmo tempo que professa a neutralidade e a imparcialidade do Estado laico republicano indiferente à diferença; que invoca a torto e a direito essa putrefação a céu aberto que não provoca mais nenhuma ereção, mas que se insiste em chamar, na contramão do bom senso, de "direitos do homem e do cidadão".

O nanorracismo é o racismo tornado cultura e respiração, em sua banalidade e capacidade de se infiltrar nos poros e veias da sociedade, neste momento de embrutecimento generalizado, de descerebração mecânica e de enfeitiçamento em massa. O grande temor, visceral, é o medo das saturnais, quando os *djinns* de hoje, que bem nos poderiam convencer de serem os mesmos de outrora, esses dejetos de cascos fendidos, ou seja, os negros, os árabes, os muçulmanos — e, como não poderia deixar de ser, os judeus —, tomarão o lugar dos senhores e transformarão a nação num imenso lixão, o lixão de Maomé.

Ora, entre a fobia do lixão e o campo, a distância sempre foi das mais curtas. Campos de refugiados, campos de deslocados, acampamentos de imigrantes, campos de estrangeiros, zonas de retenção para pessoas em trâmite, áreas de trânsito, centros de retenção ou detenção administrativa, centros de identificação e de expulsão, pontos de travessia de fronteira, centros de acolhimento para requerentes de asilo, centros de acolhimento temporário, aldeias de refugiados, aldeias de inserção de imigrantes, guetos, selvas, albergues, casas do imigrante, a lista não para, observou Michel Agier num estudo recente.³³ Essa lista interminável remete sempre a uma realidade que se faz constantemente presente, apesar de, com frequência, ser em grande medida invisível, para não dizer familiar e, em última análise, banal. Deveríamos reconhecer que o campo não só se tornou uma parte estruturante da condição global. Ele deixou de escandalizar. Mais ainda, o campo não só é o nosso presente. Ele é o nosso futuro, a nossa solução para "manter afastado o que perturba, para conter ou rejeitar aquilo que, quer sejam humanos, matéria orgânica ou resíduo industrial, for excessivo",³⁴ em suma, uma das formas de governar o mundo.

De resto, e por não encararmos de frente isto que já não corresponde à exceção, mas à norma (o fato de que as democracias liberais também são capazes de tolerar o crime), aqui nos vemos, pois, mergulhados em um tráfico infindável de palavras e gestos, de símbolos e línguas, à base de chutes e pontapés, cada vez mais brutais uns que os outros, à base também de mimetismo, o laicismo e seu inverso especular, o fundamentalismo, tudo isso num perfeito cinismo, pois, justamente, tendo todos os epítetos perdido seus nomes próprios, já não resta nome algum para nomear o escândalo, nem linguagem para enunciar o imundo, pois quase nada mais se mantém de pé, exceto o ranho que flui das narinas, viscoso e purulento, embora já não haja necessidade de espirrar, nem de apelo ao bom senso, à boa e velha república, com seu belo dorso arqueado e derrocado, nem de apelo ao bom e velho humanismo frouxo, nem de apelo a um certo feminismo aloprado, aos olhos do

---

33. Michel Agier (ed.), *Un monde de camps*. Paris: La Découverte, 2014.
34. Ibid., p. 11.

qual igualdade agora rima com o dever-de-fazer-a-jovem-muçulmana-de-véu-vestir-calcinha-fio-dental-totalmente-depilada.[35] Como na época colonial, a interpretação depreciativa da forma como o negro ou o árabe muçulmano trata "suas mulheres" comunga de uma combinação de voyeurismo e inveja: a inveja do harém. A manipulação das questões de gênero para fins racistas, pela via do realce dado à dominação masculina no Outro, visa quase sempre ocultar a realidade da falocracia no próprio quintal. O superinvestimento na virilidade como recurso simbólico e político não é algo peculiar aos "novos bárbaros". É a linha mestra de toda forma de poder, o que lhe confere sua velocidade, inclusive em nossas democracias. Em todo lugar, o poder sempre é, em certa medida, uma forma de confrontação com a estátua, sendo que o investimento na feminilidade e na maternidade coloca o prazer sexual na esteira de uma política de arrebatamento, seja ela secular ou laica. Ao mesmo tempo, para ser levado minimamente a sério, é preciso, num dado momento, mostrar que "se tem aquilo". Nesta cultura hedonista, ao pai sempre foi atribuído o papel de plantador primordial. Nesta cultura assombrada pela figura do pai incestuoso, habitado pelo desejo de consumir sua donzela ou seu garoto, anexar a mulher ao seu próprio corpo a fim de usá-la como complemento à estátua falida do homem tornou-se algo banal. Portanto, devemos esquecer tudo isso, todas essas mitologias crestadas e desprovidas de músculos, e decididamente passar a algo distinto, mas o que exatamente?

Apesar dos horrores do tráfico de escravos, do colonialismo, do fascismo, do nazismo, do Holocausto e de outros massacres e genocídios, as nações ocidentais em particular, com seus intestinos distendidos pelos mais diversos gases, continuam a mobilizar

---

35. Nacira Guénif-Souilamas e Éric Macé, *Les Féministes et le garçon arabe*. Paris: Éditions de L'Aube, 2004; Joan Wallach Scott, *The Politics of the Veil*. Princeton: Princeton University Press, 2009.

o racismo a serviço de qualquer variedade de histórias mais ou menos absurdas e mais ou menos assassinas — histórias de estrangeiros e de hordas de migrantes em cuja cara as portas devem ser fechadas, do arame farpado que deve ser erguido às pressas, sob pena de sermos varridos pela maré de selvagens; histórias de fronteiras que devem ser restauradas, como se alguma vez tivessem chegado a desaparecer; histórias de nacionais, incluindo os oriundos de colônias muito antigas, aos quais se deve sempre atribuir o epíteto de imigrantes, de intrusos que devem ser caçados, de inimigos que devem ser erradicados, de terroristas que se ressentem de nós por causa do nosso modo de vida e que devem ser aniquilados a partir de grandes altitudes por dispositivos de voo teleguiado; histórias de escudos humanos convertidos em vítimas colaterais dos nossos bombardeios; histórias de sangue, de degolas, de terra, de pátria, de tradições, de identidade, de pseudocivilizações sitiadas por hordas bárbaras, de segurança nacional; uma variedade de histórias pontuadas por epítetos, esgarçadas; histórias para se assustar e para espalhar fuligem; histórias intermináveis que são constantemente recicladas na esperança de enganar os mais crédulos.

É verdade que, tendo fomentado longinquamente a miséria e o decesso, longe do olhar de seus cidadãos, as nações ocidentais temem agora o retorno da espada, em um desses atos de vingança piedosa exigidos pela lei do talião. Para se precaverem contra essas pulsões vingativas, elas se utilizam do racismo como se fosse uma cimitarra, suplemento venenoso de um nacionalismo em frangalhos, reduzido aos seus últimos farrapos, num momento de desnacionalização dos verdadeiros centros decisórios, de *offshoring* das riquezas, de encravamento dos poderes reais, de massificação do endividamento e de zoneamento de territórios e populações inteiros, subitamente tornados supérfluos.

Mas se o racismo se tornou tão insidioso, é porque ele agora faz parte dos dispositivos pulsionais e da subjetividade econômica do nosso tempo. Ele não se tornou apenas mais um produto de consumo da mesma categoria que outros bens, objetos e mercadorias. Nestes tempos de indecência, ele é também o recurso sem o qual simplesmente inexiste a "sociedade do espetáculo" que Guy Debord descreveu. Em muitos casos, ele adquiriu um status suntuário. Passou a ser algo que nos permitimos não por se tratar de algo incomum, mas em resposta ao apelo generalizado à lubricidade lançado pelo neoliberalismo. Ficou esquecida a greve geral, abrindo-se espaço para a brutalidade e a sensualidade. Nesta época dominada pela paixão pelo lucro, essa combinação de luxúria, brutalidade e sensualidade favorece o processo de assimilação do racismo pela "sociedade do espetáculo" e sua molecularização pelos dispositivos do consumo contemporâneo.

Ele é praticado sem que se tenha consciência disso. Depois ficamos surpresos quando o outro nos chama a atenção ou nos adverte. Ele alimenta nossa necessidade de diversão e nos permite escapar ao tédio reinante e à monotonia. Fingimos acreditar que não passam de atos inofensivos que não têm a importância que lhes é atribuída. Ficamos ofendidos que um policiamento de outra ordem nos prive do direito de rir, do direito a um humor que nunca é dirigido contra si mesmo (autodepreciação) ou contra os poderosos (a sátira propriamente dita), mas sempre contra os que são mais fracos que nós — o direito de rir às custas daquele que se busca estigmatizar. O nanorracismo divertido e desenfreado, completamente idiota, que tem prazer em chafurdar na ignorância e reivindica o direito à estupidez e à violência nela fundada — é esse, pois, o espírito dos nossos tempos.

E é de se temer que a transição já tenha ocorrido. Que talvez seja tarde demais. E que, no fim das contas, o sonho de uma sociedade decente não passe de uma miragem. É de se temer o violento retorno a uma época em que o racismo não pertencia às "parcelas vergonhosas" de nossas sociedades, aquelas que, se não as erradicávamos, ao menos nos esforçávamos por esconder. O racismo destemido e galhardo será doravante a nossa roupagem e, por causa dela, a rebelião surda contra a sociedade se tornará cada vez mais aberta e veemente, pelo menos por parte dos reclusos. A questão da pertença se mantém viva. Quem é daqui e quem não é? O que fazem em nossa terra aqueles e aquelas que não deveriam estar aqui? Como nos livramos deles? Mas o que significa "aqui" e "lá" na era do entrelaçamento dos mundos, mas também de sua rebalcanização? Se o desejo de apartheid de fato é uma das características do nosso tempo, a Europa real, por sua vez, nunca mais será como era antes, ou seja, unicolor. Nunca mais existirá, se é que alguma vez existiu, um único centro do mundo. De agora em diante, o mundo será conjugado no plural. Será vivido no plural e não há absolutamente nada que possa ser feito para reverter essa nova condição, que é tão irreversível quanto irrevogável. Uma das consequências dessa nova condição é a reativação, para muitos, da fantasia do aniquilamento.

Essa fantasia está presente em qualquer contexto no qual as forças sociais tendam a conceber a política como uma luta até a morte contra inimigos incondicionais. Tal luta passa então a ser qualificada como existencial. É uma luta sem a possibilidade de reconhecimento mútuo e muito menos de reconciliação. Ela contrapõe essências distintas, dotadas cada uma delas de uma substância quase impenetrável, ou possuídas exclusivamente por aqueles e aquelas que, pela lei combinada do sangue e do solo, pertencem à mesma espécie. Ora, tanto a história política quanto a história do pensamento e da metafísica no Ocidente estão saturadas por esse problema. Os judeus, como se sabe, pagaram o preço disso no próprio coração da Europa. Anteriormente, negros e índios haviam inaugurado a Via Crucis, particularmente no Novo Mundo.

Essa concepção de política é o produto quase natural da obsessão que a metafísica ocidental por muito tempo nutriu, por um lado, pela questão do ser e sua suposta verdade e, por outro, pela ontologia da vida. De acordo com esse mito, a história seria a realização da essência do ser. Na terminologia heideggeriana, o ser se contrapõe ao ente. O Ocidente seria o lugar decisivo do ser, posto que teria sido o único a desenvolver essa capacidade de vivenciar o recomeço. O resto não passaria da condição de ente. Apenas o Ocidente teria desenvolvido essa capacidade de vivenciar o recomeço, pois seria o lugar decisivo do ser. Seria isso que o tornaria universal, sendo seus significados válidos de maneira incondicional, muito além de qualquer topografia, ou seja, em todos os lugares, a todo tempo, independentemente de qual seja o idioma, a história ou a condição. Com relação à história do ser e à política do ser, pode-se dizer, portanto, que o Ocidente nunca chegou realmente a conceber sua própria finitude. Sempre postulou como inevitável e absoluto seu próprio horizonte de ação, e esse horizonte sempre se pretendeu, por definição, global e universal. O universal de que se trata aqui não é necessariamente o equivalente do que seria válido para qualquer ser humano enquanto tal. Nem é sinônimo de ampliar meu próprio horizonte ou de assumir as condições da minha própria finitude. O universal, nesse caso, é o nome dado à violência dos vencedores de guerras que são naturalmente conflitos de predação. Mas esses conflitos de predação são também e sobretudo conflitos onto-históricos, pois neles se desenrola uma história com uma verdade fatídica.

 Levada aos seus limites, a fantasia do aniquilamento ou da anulação não visa apenas a explosão do planeta, mas também o desaparecimento do ser humano, sua extinção. Não se trata do Apocalipse enquanto tal, nem que seja porque o Apocalipse, em certa medida, pressupõe a existência de um sobrevivente, uma testemunha cuja tarefa seria contar o que presenciou. Trata-se de uma aniquilação concebida não como uma catástrofe a ser temida, mas como uma purificação pelo fogo. Mas a purificação equivale ao aniquilamento da humanidade atual, o que supostamente abrirá caminho para outro começo, para o começo de uma outra história sem a humanidade atual. Portanto, uma fantasia de ablação.

Neste momento ansiógeno que vivemos, os indícios de um retorno aos temas da diferença ontológica estão aí. Em decorrência da "guerra contra o terror" e a reboque dos bombardeios aéreos, das execuções extrajudiciais (de preferência, com o auxílio de drones), dos massacres, dos atentados e de outras formas de carnificina que ditam sua cadência, a ideia de que o Ocidente é a única província do mundo capaz de sequer compreender e de instituir o universal volta a surgir. A cisão da humanidade em nativos e forasteiros está muito adiantada. Se, com Schmitt ou Heidegger, o requisito fundamental no passado era encontrar o inimigo e trazê-lo à luz, hoje basta criá-lo para em seguida se contrapor a ele, oferecendo-lhe a perspectiva de aniquilamento e anulação total. Pois, na verdade, são inimigos com os quais a comunicação não é possível nem desejável. Situados fora da humanidade, nenhum entendimento é possível com eles.

Pode-se realmente estar presente no mundo, habitar o mundo, ou atravessá-lo, sobre essa base de uma partilha impossível, de uma distância intransponível? Basta abater o inimigo ou livrar-se do estrangeiro para ficar quite com ele ou para relegá-lo à eternidade daquilo que deve ser esquecido? Tal atitude exige que, ainda em vida, seja apagado, em sua morte ou em sua relegação, aquilo que em seu rosto o fazia humano. Esse empreendimento de desfiguração e apagamento é praticamente um prerrequisito para qualquer execução em toda a lógica contemporânea do ódio. No seio de sociedades que estão constantemente multiplicando os dispositivos de segregação e de discriminação, a relação de cuidado tem sido substituída pela relação sem desejo. Explicar e entender, conhecer e reconhecer já não são indispensáveis. Hospitalidade e hostilidade nunca foram tão antitéticas. Daí o interesse em voltar àquelas figuras para as quais a desgraça dos homens e o sofrimento dos inimigos nunca se tornaram "resto mudo da política".[36] Eles sempre estiveram vinculados à exigência de reconhecimento, especialmente onde a experiência de ser ignorado, humilhado, alienado e maltratado era a norma.

36. Michel Foucault, "Face aux gouvernements, les droits de l'homme", Dits et écrits, v. 4. Paris: Gallimard, 1994, p. 708 [Ed. bras.: "Os direitos do homem em face dos governos", Repensar a política. Ditos e escritos 6, trad. de Ana Lúcia Paranhos Pessoa. Rio de Janeiro: Forense Universitária, 2010, pp. 369–370; 370].

_CAPÍTULO 3

A FARMÁCIA DE FANON

Os dois primeiros capítulos mostraram como a inimizade constitui agora o cerne das democracias liberais e como é pelo ódio que elas têm a impressão de vivenciar um presente puro, uma política pura, pela via de meios eles mesmos puros. Também argumentamos que, do ponto de vista histórico, nem a república escravagista nem o regime colonial e imperial eram corpos estranhos à democracia. Pelo contrário, eram seu material fosforescente, justamente aquilo que permitia à democracia sair de si mesma, colocar-se de maneira deliberada a serviço de algo distinto do que proclamava na teoria e exercer, quando fosse necessário, a ditadura contra si mesma, contra seus inimigos e contra os dissemelhantes. As forças expedicionárias na época das conquistas coloniais e as campanhas militares durante as guerras de contrainsurgência da descolonização foram os emblemas mais significativos dessa longa estase repressiva.

No limite, portanto, a democracia liberal só é possível por meio desse suplemento do servil e do racial, do colonial e do imperial. É típico da democracia liberal esse *desdobramento inaugural*. O risco e a ameaça que esse desdobramento faz pesar sobre a democracia não são tanto de obliterar sua mensagem ou mesmo de erradicar o seu nome, mas sim de virá-la contra si mesma, repatriando internamente o que estamos determinados a descarregar para o exterior. Como hoje é quase impossível delimitar o interior do exterior, o perigo que o terror e o contraterrorismo representam para as democracias modernas é o da guerra civil.

No longo capítulo que se segue, a tensão entre o *princípio da destruição* — que serve como pedra angular das políticas contemporâneas da inimizade — e o *princípio da vida* é abordada diretamente. No centro dessa reflexão, faremos uma invocação específica a Frantz Fanon, cujas considerações sobre a destruição e a violência, por um lado, e sobre o processo de cura e o desejo de uma vida ilimitada, por outro, formam o alicerce de sua teoria da descolonização radical. No trabalho de Fanon, a descolonização radical é vista da perspectiva de um movimento e de um trabalho violento. Trabalho esse que tem por objetivo se abrir para o princípio da vida; tornar possível a criação do novo. Mas será que toda violência é criadora de algo novo? O que dizer das violências que nada fundam, sobre as quais nada se pode fundar e cuja única função é instituir a desordem, o caos e a perdição?

O princípio da destruição

Para entender a importância que Frantz Fanon atribui à violência criativa e ao seu poder de cura, é necessário lembrar duas coisas. A obra de Fanon se insere perfeitamente em três dos debates e controvérsias mais marcantes do século XX: o debate sobre os *gêneros do humano* (racismo); sobre a *partilha do mundo e as condições de dominação global* (imperialismo e direito dos povos a disporem de si mesmos); e sobre o *status do maquinário da guerra e seu destino* (nossa relação com a destruição e a morte). Essas três questões espicaçam a consciência europeia desde o século XVI e, no início do século XX, abriram caminho para um profundo pessimismo cultural.

Em muitos aspectos, o século XX realmente começou com a Grande Guerra. Dela, Freud disse: "jamais um acontecimento destruiu tantos bens preciosos da humanidade".[1] A razão, acrescentou, não foi apenas o aperfeiçoamento de armas ofensivas e defensivas que tornaram essa guerra "mais sangrenta e devastadora do que guerras anteriores", mas foi

pelo menos tão cruel, amargurada e impiedosa quanto qualquer uma que a precedeu. Ela transgride todos os limites que nos impusemos em tempos de paz, que havíamos chamado de Direito Internacional, não reconhece as prerrogativas dos feridos e dos médicos, a distinção entre a parte pacífica e a parte lutadora da população, nem os direitos de propriedade. Ela derruba o que se interpõe no seu caminho, em fúria enceguecida, como se depois dela não devesse existir nem futuro nem paz entre os homens.[2]

"A minha primeira impressão ao penetrar na sala do hospital inteiramente ocupada por neuróticos de guerra foi um profundo assombro", relatou Sándor Ferenczi. Havia cerca de cinquenta pacientes lá, quase todos dando "a impressão de estarem gravemente afetados ou até inválidos", acrescentou. "Alguns são incapazes de se deslocar", enquanto, em outros, "a menor tentativa de deslocamento provoca tremores tão violentos dos joelhos e dos pés que a minha voz dificilmente se sobrepõe ao ruído das solas dos sapatos batendo no chão". Na sua opinião, foi o modo de andar desses "trêmulos" o que mais lhe chamou a atenção. Dava a impressão de uma paresia espasmódica, cujas "diferentes combinações de tremores, rigidez e fraqueza produzem tipos de locomoção muito particulares, que só um filme poderia eventualmente reproduzir".[3]

1. Sigmund Freud, *Notre relation à la mort*. Paris: Petite Bibliothèque Payot, 1981, p. 13 [Ed. bras.: "Considerações atuais sobre a guerra e a morte", op. cit., p. 157].
2. Ibid., pp. 23-24 [Ibid., pp. 160-161].
3. Sándor Ferenczi, "Deux types de névrose de guerre (hystérie)", in Sigmund Freud et al, *Sur les névroses de guerre*. Paris: Petite Bibliothèque Payot, 1965 (1916), p. 64 [Ed. bras.: "Dois tipos de neurose de guerra (histeria). Contribuição para a psicologia do período

Ribalta em que veio tropeçar toda linguagem que não fosse uma fala diante do espelho, a Grande Guerra fez voar pelos ares — ou, pelo menos, colocou profundamente em questão — séculos de tentativas de definir uma "lei da guerra", isto é, uma lei fundamental prescrevendo aquilo que, numa guerra entre europeus, poderia ou não poderia ser permitido. Essa lei era o produto de um longo processo de maturação, de inúmeras tentativas e erros e de intenso debate sobre a própria natureza da guerra, o que a definia e quais eram suas relações com o direito natural e a justiça.

Em relação à questão que aqui nos preocupa, a do terror das democracias, especialmente nos contextos coloniais e pós-coloniais, é útil ter em mente que, em sua origem, o pensamento europeu distinguia várias formas de direito. Tido como atributo da ação, o direito era dividido entre o direito de supremacia e o direito de igual para igual; entre o direito natural e o chamado direito humano (que, por sua vez, incluía o direito civil e o direito das gentes); entre o direito universal e o direito particular. O direito buscava regular questões tão complexas como a de saber como distinguir a chamada guerra solene, ou pública, de todas as outras formas de guerra, em especial a guerra privada.

Como toda guerra, por definição, acarretava o risco de minar o Estado, a guerra pública só podia ser travada por ordem daquele que detinha o poder soberano no Estado.[4] Reconhecia-se uma guerra pública pelo fato de que aqueles que a travavam estavam investidos de um poder soberano e tinham que observar um conjunto de formalidades. De resto, considerava-se que, se o sangue era pago com sangue, o emprego das armas nunca estava livre de perigo, e defender-se não era a mesma coisa que se

---

de latência", *Obras completas, Psicanálise II*, trad. de Álvaro Cabral. São Paulo: Martins Fontes, 1992, pp. 259–273 e 260].
4. Hugo Grotius, *Le Droit de la guerre et de la paix*. Paris: PUF, 2005, p. 94 [Ed. bras.: O *direito da guerra e da paz* (De Jure Belli ac Pacis), trad. de Ciro Mioranza. Florianópolis: Ed. Unijuí/Fondazione Cassamarca, 2004, p. 175].

vingar. No plano filosófico, as tentativas de instituir um direito da guerra culminaram no século XVII, com Grotius e seu *O direito da guerra e da paz*.

O pessimismo cultural que engolfou a Europa após a Grande Guerra levou a uma fusão relativamente inédita de nacionalismo e militarismo.[5] Particularmente na Alemanha, a derrota foi considerada o resultado de uma traição. A guerra estava perdida, mas ainda não havia terminado. Os "traidores judeus" eram os culpados pela derrota, e a revanche do país só seria consumada no dia em que fossem exterminados.[6] O novo nacionalismo militar emanava de um imaginário sem precedentes de devastação e catástrofe. O soldado que voltava do inferno das trincheiras era sua figura emblemática. Ele havia sentido o insuportável gosto da lama. Ele havia testemunhado um mundo em pedaços. Ele havia visto a morte de perto, em todas as suas formas.

Os ataques com gás transformaram a própria atmosfera em arma letal. Respirar se tornara um perigo, pois o próprio ar fora envenenado. Milhares de cilindros descarregaram milhares de toneladas de gás de cloro nas trincheiras. Inúmeros soldados morreram sufocados e afogados em seus fluidos, contra o pano de fundo de uma espessa nuvem verde-amarelada que se estendia por vários quilômetros e era carregada pelo vento.[7] O mesmo soldado sofria a ameaça quase permanente de colapso nervoso. Aterrorizado, escutara os estertores agonizantes de seus camaradas e testemunhara a incomunicável angústia deles. Ameaçado pela própria loucura, sentia-se totalmente à mercê do acaso e da predestinação.[8]

5. Ernst Jünger, *Orages d'acier*. Paris: Payot, 1930 (1920) [Ed. bras.: *Tempestades de aço*, trad. de Marcelo Backes. São Paulo: Cosac & Naify, 2013].
6. Gerd Krumeich, "La place de la guerre de 1914-1918 dans l'histoire culturelle de l'Allemagne", *Vingtième Siècle*, n. 41, jan.-mar. 1994, pp. 9-17.
7. Ver Sarah Everts, "When chemicals became weapons of war", 23 fev. 2015. Disponível em: *http://chemicalweapons.cenmag.org*.
8. Modris Eksteins, *Le Sacre du printemps. La Grande Guerre et la naissance de la modernité*. Paris: Plon, 1991.

A "grande desilusão" (Freud) causada pela guerra não se deveu à persistência do evento bélico enquanto tal. Pouquíssimos acreditavam, na época, na cessação definitiva das guerras ou na utopia de uma paz perpétua. As guerras, afirmou Freud, não cessarão "enquanto os povos viverem em condições tão diferentes, enquanto divergirem de tal modo no valor que atribuem à vida individual, e enquanto os ódios que os dividem representarem forças psíquicas tão intensas".[9]

Nem foi a desilusão devido à realidade das guerras "entre os povos primitivos e os civilizados, entre as raças que estão separadas pela cor da pele, e mesmo guerras contra ou em meio a nacionalidades europeias que pouco se desenvolveram ou que retrocederam culturalmente".[10] "As grandes nações de raça branca que dominam o mundo, às quais coube a condução do gênero humano"[11] e que, além disso, gozam de uma "comunidade civilizada",[12] tinham acabado de demonstrar uma brutalidade do comportamento "de indivíduos que, como membros da mais elevada cultura humana, não acreditaríamos capazes de atos semelhantes"[13] — foi esse o escândalo da Grande Guerra. Em outras palavras, o homem das origens, o homem das priscas eras, o homem que de boa vontade suportava a morte do outro, que não tinha escrúpulos em provocá-la, que voluntariamente praticava o assassinato e em cujos olhos a morte do inimigo nada mais significava do que a aniquilação daquilo que odiava, esse homem primitivo "que ainda se mantém em cada um de nós, mas se esconde, invisível para a nossa consciência, em camadas profundas de nossa vida psí-

---

9. Sigmund Freud, *Notre relation à la mort*, op. cit., pp. 15-16 [Ed. bras.: "Considerações atuais sobre a guerra e a morte", op. cit., p. 158].
10. Ibid., p. 16 [Ibid., p. 158].
11. Ibid. [Ibid., p. 158].
12. Ibid., p. 21 [Ibid., expressão repetida na p. 158, duas vezes na p. 160 e novamente na p. 161].
13. Ibid., p. 28 [Ibid., p. 162].

quica".[14] A vasta remodelação da vida impulsiva que o processo civilizacional supostamente deveria trazer não apagou as capacidades particulares de voltar atrás, o que Freud chamou de regressão. Por um lado, a Grande Guerra revelou, assim, que "os estados primitivos sempre podem ser restabelecidos", sendo a psique primitiva "imperecível no mais pleno sentido".[15] Por outro lado, se a pulsão de morte ou de destruição de fato pode ser em grande parte desviada para o exterior ou direcionada para os objetos do mundo exterior, muitas outras partes dessa mesma pulsão sempre conseguem escapar da domação (o próprio objeto do processo civilizatório). Mais ainda, a pulsão de destruição (com tudo o que implica de sádico e masoquista) voltada para o exterior, ou projetada, pode ser redirecionada para o interior, ou introjetada. Ela começa assumindo o Outro interno como alvo. Nesse sentido, o imperativo do extermínio do povo judeu (*Ausrottung*), parcela em putrefação que supostamente habitava o corpo do povo alemão sob o regime nazista. Mas, muito rapidamente, ela assume como objeto o próprio sujeito. Nesse caso, a destruição "retorna do mundo exterior" para o sujeito e o impulsiona a "fazer coisas inadequadas e trabalhar contra o seu próprio benefício, destruir as perspectivas que se lhe abrem no mundo real e eventualmente aniquilar a sua própria existência real".[16] Colonialismo, fascismo e nazismo constituem três formas, ora extremas, ora patológicas, desse *retorno do mundo supostamente externo para o sujeito*.

No rescaldo da guerra, surgiram movimentos e partidos fascistas, especialmente na Europa. A ascensão do fascismo e em seguida do nazismo, ocorreu em paralelo com a do colonialismo, e hoje se reconhece que o colonialismo, o fascismo e o nazismo

---

14. Ibid., pp. 59-60 [Ibid., p. 174].
15. Ibid., p. 43 [Ibid., p. 168].
16. Sigmund Freud, *Du masochisme*. Paris: Petite Bibliothèque Payot, 2011, p. 183 [Ed. bras.: "O problema econômico do masoquismo", in *Escritos sobre a psicologia do inconsciente*, trad. coord. por Luiz Alberto Hanns. v. 3. Rio de Janeiro: Imago, 2007 (1924), pp. 103-124; 114].

tinham entre si vínculos mais do que circunstanciais.[17] Embora muito distintas, essas três formações compartilhavam o mesmo mito, o da superioridade absoluta da chamada cultura ocidental, entendida como a cultura de uma raça, a raça branca. O espírito faustiano, seria essa a sua essência, reconhecível, de resto, pelo seu poderio técnico. Quer se tratasse do passado ou do presente, esse poderio teria permitido elevar a cultura ocidental a uma cultura como nenhuma outra. No entendimento da época, o termo "cultura como nenhuma outra" tinha um duplo significado. Já de saída, remetia a uma essência. A cultura ocidental, supunha-se, não seria uma componente ordinária das culturas da humanidade. No concerto das criações humanas, desfrutaria de um estatuto preeminente que a libertaria de qualquer dependência em relação a outras culturas e lhe asseguraria imunidade, em virtude da qual não poderia ser "tocada". Era "intocável" porque se distinguia de todas as outras. Era também "intocável" porque só ela tinha a capacidade de vincular todas as outras a si mesma. Ela jamais se poderia fundir de maneira plena na trama das outras culturas do mundo, porque era somente por meio dela que outras culturas existiam, e elas só existiam em relação a ela.

Assim, hipostasiada e colocada sobre um pedestal, a cultura ou a civilização ocidental se convertia em marco zero de orientação para todas as humanidades. Era esse, aliás, o lugar e a carne que ela atribuía a si mesma, seu "aqui", seu ponto metafísico, o que a tornava capaz de se abstrair da existência, da vontade e dos desejos de outros corpos e de outras carnes, lugares distantes, a um só tempo diferentes do seu lugar e implicados nela, mas rumo aos quais ela dificilmente se poderia mover em contrapartida. No espírito da época, "cultura como nenhuma outra"

---

17. Hannah Arendt, *Les Origines du totalitarisme*. Paris: Gallimard, 2002 [Ed. ing.: *The Origins of Totalitarianism*. Nova York: Schocken Books, 1951; ed. bras.: *As origens do totalitarismo*, trad. de Roberto Raposo. São Paulo: Companhia das Letras, 1989].

também significava ser a única a ter simbolicamente superado a morte. Essa domesticação da morte passava pela dominação da natureza, pelo culto ao espaço ilimitado e pela invenção do conceito de força. Não que essa cultura não fosse capaz de contemplação. Seu projeto, porém, era governar o mundo de acordo com a sua vontade. Como um vasto programa prometeico, a originalidade do Ocidente foi ter arrancado à divindade seu segredo e ter feito do próprio homem um Deus. Colonialismo, fascismo e nazismo compartilhavam um segundo mito. Para cada uma dessas formações históricas, o Ocidente era um corpo natural vivo. Tinha uma medula e uma alma. "Outras partes do mundo tiveram civilizações admiráveis", proclamou Paul Valéry. "Mas nenhuma parte do mundo possuiu esta singular propriedade *física*: o mais intenso poder *emissivo* unido ao mais intenso poder *absorvente*. Tudo veio à Europa e tudo dela veio."[18]

Essa singular propriedade física, esse "intenso poder emissivo" unido ao "mais intenso poder absorvente", assumira uma forma concreta na repressão às guerras de resistência contra o colonialismo: a forma campo.[19]

Durante mais de meio século, a interpretação da forma campo foi dominada pelo que se poderia chamar de "políticas do extremo", isto é, para retomar a expressão de Aimé Césaire, as *políticas de descivilização*, que, seguindo mecanismos ora espetaculares, ora invisíveis, e mais ou menos subterrâneos, eram consubstanciais à condição colonial. Como consequência da destruição dos judeus da Europa, o campo passou a ser visto, na esteira do Holocausto, como o lugar de uma desumanização radical; o espaço onde o homem vivencia seu devir animal, no gesto

---

18. Paul Valéry, *La Crise de l'esprit*, in *Œuvres*. v. 1. Paris: Gallimard, 1962, p. 995.
19. Ver Federico Rahola, "La forme-camp. Pour une généalogie des lieux de transit et d'internement du présent", *Cultures & Conflits*, n. 68, 2007, pp. 31–50.

pelo qual reduz outras existências humanas à condição de pó. O campo também foi interpretado como sintomático do processo de expulsão de suas vítimas da humanidade comum; o cenário de um crime tão secreto quanto infigurável e indizível, indissociavelmente fadado, pelo menos entre aqueles que o perpetraram, ao esquecimento, pois tudo conspirava, desde o princípio, para apagar seus vestígios.

É possível que o intenso poder emissivo e absorvente evocado por Valéry tenha originado não um único crime — que, apesar de recapitular todos os outros, gozaria ainda assim de um estatuto eletivo e seria o veículo de sentidos "externos à humanidade" —, mas de uma *série de crimes* e de terrores cujas complexas genealogias precisamos considerar. De fato, na vertente diurna das políticas de descivilização (ou do extremo, ou do terror) que Césaire denunciou, situavam-se os processos coloniais, com seus cortejos de guerras de conquista, de guerras de ocupação e de extermínio, de genocídios e outros massacres e seus inevitáveis corolários, as guerras de libertação e as guerras de contrainsurgência, cuja amplitude mal começamos a abarcar.[20] Na vertente noturna se situavam os processos de concentração e extermínio, testemunhados por muitos sobreviventes, entre eles Jean Améry, leitor de Fanon, em quem encontrou bem mais que um interlocutor, quase um parente.[21] E como bem viram Hannah Arendt e mais tarde Michel Foucault, ligando as duas vertentes estava a raça, ou, para sermos mais precisos, o racismo.[22]

---

20. Caroline Elkins, *Imperial Reckoning. The Untold Story of Britain's Gulag in Kenya*. Nova York: Henry Holt, 2005.
21. Paul Gilroy, "Fanon and Améry. Theory, torture and the prospect of humanism", *Theory, Culture & Society*, v. 27, n. 7–8, 2007, pp. 16–32.
22. Hannah Arendt, op. cit.; Michel Foucault, *"Il faut défendre la société"*. *Cours au Collège de France, 1976*. Paris: Seuil, 1997 [Ed. bras.: *Em defesa da sociedade: curso no Collège de France (1975-1976)*, trad. de Maria Ermantina Galvão. São Paulo: Martins Fontes, 2000].

De um ponto de vista estritamente histórico, a forma do campo surgiu na virada do século xx (entre 1896 e 1907), no contexto da guerra colonial em Cuba, nas Filipinas, na África do Sul e no Sudoeste Africano, na época controlado pela Alemanha. O campo em sua acepção moderna não é a mesma coisa que as políticas de deslocamento populacional praticadas pelos britânicos na Índia ao longo do século xviii ou aquelas empregadas no México em 1811 e nos Estados Unidos durante o século xix. Nesse contexto, o campo era um dispositivo de guerra utilizado pelo governo colonial para reprimir em massa as populações civis consideradas hostis. Eram, de modo geral, mulheres, crianças e idosos que eram sistematicamente expostos à fome, à tortura, ao trabalho forçado e a epidemias.[23]

Mais ao sul no continente americano, as primeiras experiências de internamento em campos ocorreram em Cuba, durante a Guerra dos Dez Anos (1868-1878). Posteriormente, essas categorias da população foram concentradas nas províncias de Santiago e Puerto Príncipe, em 1896, pelo general espanhol Valeriano Weyler. As taxas de mortalidade atingiram 38% em algumas áreas, como Santa Clara.[24] Os americanos, por sua vez, criaram múltiplos campos de concentração nas Filipinas entre 1899 e 1902, quando os insurgentes nacionalistas filipinos recorreram à guerrilha para fazerem valer seus direitos.

Os campos de concentração nas Filipinas se alinhavam com a *hard war* (guerra suja), termo cujas origens remontam à Guerra Civil Americana. Uma série de medidas punitivas foram adotadas na época. Elas se inseriam no quadro do Código Lieber de 1863, que instituía distinções entre as diversas categorias de

---

23. Jonathan Hyslop, "The Invention of the Concentration Camp. Cuba, Southern Africa and the Philippines, 1896-1907", *South African Historical Journal*, v. 63, n. 2, 2011, pp. 251-276.
24. John Lawrence Tone, *War and Genocide in Cuba, 1895-1898*. Chapel Hill: University of North Carolina Press, 2006.

populações contra as quais foram travadas guerras de contra-insurgência, sendo a mais importante delas a que diferenciava os cidadãos leais dos desleais ou traidores.

Os cidadãos desleais, por sua vez, eram divididos entre aqueles conhecidos por simpatizarem com a rebelião, sem, contudo, lhe oferecer qualquer assistência objetiva, e aqueles que, sem necessariamente pegar em armas, davam apoio objetivo ao inimigo rebelde, apesar de não terem sido forçados a fazê-lo. De acordo com o Código Lieber, os comandantes das forças armadas podiam lançar sobre os cidadãos desleais, nas províncias rebeldes, todo o peso da guerra. Era normal que os traidores fossem por acaso submetidos a medidas punitivas excepcionais, que dificilmente seriam aplicáveis aos inimigos não combatentes, em especial em tempos de guerra regular. O governador militar podia deportar esses cidadãos, que, ademais, também estavam sujeitos a transferências, prisão ou pesadas multas.[25]

Tais medidas já vinham sendo efetivamente aplicadas desde dezembro de 1900 pelo brigadeiro-general Arthur MacArthur e, mais tarde, a partir de novembro de 1911, pelo brigadeiro-general J. Franklin Bell. Elas se referiam em grande parte à província de Batangas, onde a resistência filipina era particularmente intensa. Transferências massivas de população foram realizadas nas áreas rurais. Foram abertos campos de concentração e o emprego da tortura foi ampliado. Os mesmos métodos foram aplicados na província de Samar pelo brigadeiro Jacob H. Smith. À panóplia de atrocidades já implementadas, Smith acrescentou uma verdadeira política de terra arrasada combinada com execuções em massa.[26]

A lógica concentracionária existia, portanto, muito antes de sua sistematização e radicalização sob o Terceiro Reich. No caso

25. A respeito desses detalhes, ver o estudo de Richard Shelley Hartigan, *Lieber's Code and the Law of War*. Nova York: Transaction Publishers, 1983.
26. Brian McAllister Linn, *The Philippine War, 1899-1902*. Lawrence: University of Kansas Press, 2000.

sul-africano (de 1889 a 1902), a coroa britânica enfrentava uma lógica guerrilheira. Entre 1899 e 1900, uma guerra que era em grande medida convencional contrapunha dois inimigos. Submetidos a uma pressão insuportável das tropas britânicas, os bôeres logo mudaram de tática e seus comandos passaram a recorrer cada vez mais à guerrilha. Em vez de enfrentar abertamente o inimigo como um exército constituído, os bôeres retomaram seu traje civil e se reintegraram à população local. A partir dessa posição, podiam submeter as tropas inglesas a um assédio intempestivo, que, apesar de não produzir vitórias militares decisivas, tinha ainda assim o efeito de minar consideravelmente o seu moral.

Sob a liderança de Horatio H. Kitchener, a Coroa respondeu intensificando a implantação de campos de concentração. Legalizados pelo governo em dezembro de 1900, foram apresentados como medidas excepcionais destinadas a separar a população civil dos combatentes que as forças coloniais tentavam isolar e abater. As populações civis, especialmente mulheres e crianças, eram então estacionadas em lugares desolados, cercados por arame farpado, onde as taxas de mortalidade se revelavam excepcionalmente elevadas.

A esses modelos coloniais, o Terceiro Reich acrescentou uma dimensão crucial, a planificação da morte em massa. Planificação essa, aliás, que já havia sido tentada pelos alemães no Sudoeste Africano em 1904, quando os hereros foram os primeiros a experimentar o trabalho forçado em sistema concentracionário, o primeiro genocídio do século xx. Fora das colônias, em território europeu, a lógica concentracionária não assumiu apenas formas nazistas. Ela já existia antes, existiu durante e continuou a existir depois da Segunda Guerra Mundial. Em 1942, por exemplo, a França contava com quase uma centena de acampamentos. A maioria deles havia sido criada sob a Terceira República de Édouard Daladier, antes do regime de Vichy. Abrigavam todo tipo de gente considerada "perigosa à defesa nacional e à segurança pública"[27] — na maioria dos casos, pessoas que haviam fugido de seu país e se refugiado na França (alemães e austríacos; judeus, a partir de 1933; e depois espanhóis, ex-combatentes da causa republicana, a partir de 1939). Esses e outros lugares que surgiram sob Vichy (Compiègne, Rivesaltes, Les Milles, Gurs, Pithiviers, Beaune, Drancy etc.) serviram de laboratório para uma certa radicalização dos dispositivos preventivos, repressivos e punitivos. Os tempos eram propícios para a produção de múltiplas figuras do bode expiatório. Muitos estrangeiros eram percebidos, se não como inimigos, pelo menos como "bocas inúteis", das quais era preciso se livrar.[28] Eram acusados de "roubar os empregos e as mulheres dos franceses". Sob Vichy, o lento obscurecimento da figura do estrangeiro atingiu seu clímax. O estrangeiro não passava de um elemento biológico degradado, cujas taras e patologias ameaçavam diretamente a integridade do corpo nacional. A partir do outono de 1940, uma nova lei tornou possível a revisão de todas as naturalizações concedidas desde 1927. Entre 1940 e 1944, cerca de 15 mil pessoas foram despojadas da nacionalidade francesa e "convertidas em apátridas".[29]

Voltemos aos campos de concentração coloniais para deixar claro que eles não eram, à primeira vista, campos voltados ao extermínio propriamente dito. Com relação ao caso europeu em particular, muitos historiadores sugerem que seja feita uma distinção entre o universo dos *campos de agrupamento*, dos *campos de concentração* destinados a grupos não judeus e dos *campos de extermínio*,

---

27. Jean-François Bossy, *La Philosophie à l'épreuve d'Auschwitz. Les camps nazis, entre mémoire et histoire*. Paris: Ellipses, 2004, p. 32.
28. Ver Ralph Schor, *L'Opinion française et les étrangers, 1919–1939*. Paris: Publications de la Sorbonne, 1985.
29. Ver Bernard Laguerre, "Les dénaturalisés de Vichy, 1940–1944", *Vingtième Siècle*, v. 20, n. 1, 1988, pp. 3–15; cf. também Robert Paxton, *La France de Vichy, 1940–1944*. Paris: Seuil, 1974, pp. 168–169.

onde foi perpetrado o judeocídio, os campos destinados a acolher os inimigos políticos e os centros de morticínio enquanto tais. De fato, nem todos os campos eram campos da morte programada.

Portanto, a distinção entre o dispositivo concentracionário no sentido estrito do termo e o aparelho de extermínio propriamente dito é importante, mesmo que, por outro lado, todos os campos (inclusive os coloniais) fossem espaços onde reinava o sofrimento e, eventualmente, diversas formas de morte — a morte lenta por exaustão, pelo trabalho ou pelo abandono e pela indiferença; ou, como foi o caso no próprio coração da Europa, o desaparecimento puro e simples por meio do gás, e depois a fumaça, as cinzas e o pó. Em ambos os casos, os campos abrigavam uma humanidade que era declarada ora inútil, ora prejudicial, ora era percebida como inimiga e, em todos os sentidos, como parasitária e supérflua. Foi assim que, na filosofia moderna, o mundo dos campos se tornou inseparável do mundo de um crime singular, perpetrado em aparente sigilo: *o crime contra a humanidade*.

Essa problemática da humanidade contra a qual é perpetrado um crime que não é necessariamente reconhecido como tal teve a circunstância colonial como uma de suas expressões modernas mais patentes. Ainda hoje, não é evidente aos olhos de todos que a escravidão dos negros e as atrocidades coloniais fazem parte da memória do mundo; muito menos que essa memória, por ser comum, não é propriedade apenas dos povos que foram vítimas desses acontecimentos, mas da humanidade como um todo; ou então que, enquanto não formos capazes de assumir as memórias do "Todo-Mundo", será impossível imaginar como poderia ser um mundo verdadeiramente comum, uma humanidade verdadeiramente universal.

É verdade que, sob a colonização, nem todo espaço prisional compunha necessariamente o sistema concentracionário ou o dispositivo de extermínio. Mas o campo era um dispositivo central das guerras coloniais e imperialistas. Devemos, portanto, reter na memória estas origens do campo — no cadinho das guerras imperialistas e coloniais (guerras assimétricas por definição), depois nas guerras civis e em suas sequências, e, por fim, no horizonte da guerra mundial. Essa genealogia sugere que, na origem do campo, há sempre um projeto de partição dos seres humanos. Partição e ocupação andam de mãos dadas com a expulsão e a deportação e amiúde também com um programa declarado ou inconfessável de eliminação. Aliás, não é à toa que a forma campo tem acompanhado, em quase todos os lugares, a lógica do povoamento erradicador.

Frantz Fanon, que dedicou grande parte de sua curta vida a cuidar dos enfermos, foi testemunha dessa partição dos seres humanos e desse povoamento erradicador. Foi testemunha ocular do sofrimento insondável, da loucura, da angústia humana e, acima de tudo, da morte sem razão aparente de incontáveis inocentes, quer dizer, daqueles que se esperaria que fossem poupados, mesmo em *situações extremas*.

Na verdade, qualquer situação de escravização estrutural constitui, pelo menos para aqueles que a sofrem, uma situação potencialmente extrema. Era o caso da experiência colonial. Onde era movido pela vontade de exterminar, o empreendimento colonial deixou para trás apenas remanescentes da população autóctone, que de resto se apressou a confinar em encraves. Ao restringir as oportunidades de encontro e contato entre os colonos e os subjugados, maximizou a distância entre os dois grupos, condição prévia para a banalização da indiferença. Tanto a conquista quanto a ocupação colonial exigiram não só uma extraordinária predisposição à indiferença por parte dos encarregados pela sua implementação, mas também uma capacidade fora do normal de executar atos verdadeiramente repugnantes. Massacres, carnificinas e a supressão da resistência por vezes exigiam o contato corpo a corpo, o emprego de formas horríveis de crueldade e o assalto aos corpos e aos bens, tudo isso refletindo a todo momento a ignomínia em que eram mantidas as chamadas raças inferiores. Onde se fazia necessário, o abate aéreo vinha se juntar à eliminação terrestre.[30] Decapitações, desmembramentos, torturas e outros abusos sexuais completavam o arsenal.[31]

A habituação ao sadismo, o desejo implacável de não saber de nada, de não sentir a menor empatia pelas vítimas, de se convencer da vileza dos nativos, de considerá-los responsáveis pelas atrocidades que lhes eram infligidas e pelas extorsões e enormes prejuízos que sofriam — essa era a lei. Como explicou Fanon, sempre que se tratava de exonerar o colonialismo, não havia a menor hesitação em recorrer aos mesmos subterfúgios: os crimes foram cometidos por indivíduos isolados, movidos pelo pavor diante do comportamento animal e dos atos de extrema barbárie de suas vítimas e da ameaça que os selvagens representavam para suas vidas; os horrores vividos pelos colonizados não pesavam tanto em comparação com a miséria que estariam sujeitos a tolerar se fossem deixados por conta própria; o que estava sendo feito em nome da civilização (desenvolvimento econômico, progresso técnico, escolarização, saúde, cristianização e assimilação) compensava os efeitos negativos — e supostamente inevitáveis — do projeto colonial.[32]

Era esse o caso especialmente na Argélia. Da guerra colonial, em termos gerais, Fanon disse que gerou todo tipo de patologias e foi um terreno fértil para o surgimento de distúrbios mentais.

---

30. Paul Armengaud, *Quelques enseignements des campagnes du Rif en matière d'aviation*. Paris: BergerLevrault, 1928.
31. Claude Juin, *Des soldats tortionnaires. Guerre d'Algérie: des jeunes gens ordinaires confrontés à l'intolérable*. Paris: Robert Laffont, 2012.
32. Joseph-Simon Gallieni, *Rapport d'ensemble sur la pacification, l'organisation et la colonisation de Madagascar*. Paris: Charles-Lavauzelle, 1900; Hubert Lyautey, *Du rôle colonial de l'armée*. Paris: Armand Colin, 1900.

Essas patologias de tempos de guerra propriamente dita se somavam à grande variedade de feridas que a colonização havia infligido anteriormente aos colonizados no momento da conquista e da ocupação. O colonizado que viveu a guerra colonial, ou que nela esteve envolvido como combatente, carregava consigo, em si e à sua volta as cicatrizes e outras marcas dos ferimentos originais. Sobre a guerra da Argélia, em particular, Fanon disse que ela muitas vezes assumiu o aspecto de um "autêntico genocídio".[33] De fato, tanto em sua estrutura quanto em sua ornamentação — especialmente ao se apoiar em pressupostos racistas e supremacistas — o processo colonial sempre se construiu em torno de uma pulsão genocida. Em muitos casos, essa pulsão nunca se materializou. Mas sempre esteve lá, em estado latente. Atingia seu ponto máximo de incandescência no momento da guerra, fosse ela de conquista e ocupação ou de contrainsurgência. A pulsão genocida operava de forma molecular. Cozinhando em fogo brando na maior parte do tempo, cristalizava-se de tempos em tempos em torno de eventos sangrentos (matanças, massacres, repressões) que paulatinamente se repetiam. A guerra era o seu paroxismo. Colocava em funcionamento e trazia à tona a ameaça que todo sistema colonial está a postos para brandir sempre que sua sobrevivência estiver em jogo — derramando o máximo de sangue possível, despedaçando os mundos do colonizado, migalha por migalha, e transformando-os em uma pilha indiferenciada de escombros, corpos destroçados, vidas para sempre estilhaçadas, um lugar inabitável.

Dessa mesma guerra, Fanon disse que havia mergulhado pessoas, vítimas e carrascos, combatentes e civis em uma atmosfera sangrenta. Em graus variados, ameaçava transformá-los a todos em estátuas de ódio e esvaziá-los de todo sentimento humano, a

---

33. F. Fanon, *Les Damnés la terre*, op. cit., p. 627 [Ed. bras.: *Os condenados da terra*, trad. de José Laurênio de Melo. Rio de Janeiro: Civilização Brasileira, 1968, p. 213].

começar pela piedade, a capacidade de se deixar tocar, de se lembrar da própria vulnerabilidade diante da desgraça e da aflição do Outro. A erradicação de todo e qualquer sentimento de piedade, esse grau zero da troca entre semelhantes, abrira caminho para a generalização de práticas desumanas, criando nas pessoas a impressão pertinaz de "assistirem a um verdadeiro apocalipse".[34] Diante da debilitação e da destruição resultantes, Fanon acreditava que a violência era necessária. Violência essa que tinha um alvo duplo: o sistema colonial enquanto tal e os diversos sistemas de inibição que mantinham os colonizados sob o jugo do medo, da superstição e de tantos complexos de perseguição e de inferioridade. Ao fazer tábula rasa da ordem opressiva, ela permitia abrir o terreno necessária para a criação do novo. Ao tornar a ordem colonial caduca e inoperante, a violência atuava como um instrumento de ressurreição.

Na visão de Fanon, não se tratava tanto de conquistar o Estado, mas de engendrar uma outra formação de soberania. Como momento privilegiado de surgimento do novo, a violência regenerativa da descolonização almejava a produção de outras formas de vida. Tinha uma dimensão incalculável e, devido a essa incalculabilidade, era essencialmente imprevisível. Uma vez desencadeada, podia se tornar incontrolável. Desse ponto de vista, era ao mesmo tempo algo capaz de salvar e também a fresta por onde o perigo invadia a casa.

Sociedade de objetos e metafísica da destruição

As sociedades coloniais eram entidades que o sentimento de piedade havia abandonado. Não se concebendo em nada como *sociedades de semelhantes*, eram, de direito e de fato, comunidades da separação e do ódio. Era esse ódio, aliás, paradoxalmente

34. Ibid. [Ibid., p. 213].

as mantinha unidas. A crueldade era tanto mais ordinária e o cinismo tanto mais agressivo e aviltante porque as relações de inimizade tinham sido quase irrevogavelmente internalizadas. De fato, as relações de instrumentalização recíproca entre os dominantes e os dominados eram tais que praticamente não era mais possível distinguir com clareza entre a parte correspondente ao inimigo interno e a parte correspondente ao inimigo externo. Encobrindo tudo o mais, o racismo era simultaneamente a força motriz dessa sociedade e seu princípio destrutivo. E, como não havia nenhum eu sem o Outro — sendo o Outro apenas um outro eu, mesmo que sob a forma de negação —, causar a morte do Outro já não se distinguia do ato de causar a própria morte.

O racismo, de acordo com Fanon, quase nunca foi acidental. Todo racismo, especialmente o racismo antinegro, era sustentado por uma estrutura. Essa estrutura estava, por sua vez, a serviço daquilo que Fanon chamou de uma gigantesca obra de escravização econômica e biológica. Em outras palavras, o racismo tinha que ser analisado *em função tanto de uma bioeconomia quanto de uma ecobiologia*. Por um lado, o ato racista consistia em uma declaração arbitrária e originária de superioridade — superioridade destinada a consagrar a supremacia de um grupo, de uma classe ou de uma espécie de seres humanos sobre outros. Por outro lado, era da natureza do racismo sempre tentar evitar se esclerosar. Para preservar sua virulência e eficácia, tinha que se renovar a cada vez, mudar de fisionomia, metamorfosear-se.

Fanon distinguia dois tipos específicos de racismo. Havia, de um lado, o racismo sem disfarces, vulgar, primitivo e simplista, que correspondia, a seu ver, ao "período de exploração brutal dos braços e das pernas do homem".[35] Era o racismo da época dos crânios que eram comparados; da quantidade e configuração

---

35. F. Fanon, "Racisme et culture", in *Œuvres*, op. cit., p. 719 [Ed. bras.: "Racismo e cultura", *Revista de Convergência Crítica*, n. 13, 2018, pp. 78–90; 82].

dos sulcos do cérebro que se tentava identificar; da labilidade emocional do negro, cuja lógica se almejava captar; da integração subcortical do árabe, que se pretendia definir; da culpa genérica do judeu, que se queria estabelecer; da dimensão das vértebras, que eram medidas; e dos aspectos microscópicos da epiderme, que se procurava determinar. Embora vulgar, essa modalidade de racismo se pretendia racional, até mesmo científica. Buscou extrair sua autoridade da ciência, particularmente da biologia e da psicologia. De outro lado, grassava uma forma de racismo que Fanon chamou de cultural. Na verdade, o racismo cultural era apenas o produto de uma mutação do racismo vulgar. Ele não se apoiava em uma equação de ordem morfológica. Lidava com formas específicas de existência que o colonialismo, em particular, naquela altura se esforçava em liquidar. Sem que as pudesse destruir, buscava depreciá-las ou convertê-las em objetos exóticos. Os âmbitos mais expostos a esse tipo de trabalho insidioso eram as roupas, a linguagem, as técnicas, as formas de comer, sentar-se, descansar, divertir-se, rir e, sobretudo, as relações com a sexualidade.

Além dessas duas modalidades de racismo ligadas a uma bioeconomia, Fanon nunca deixou de insistir quanto à natureza das feridas causadas pelo racismo. "O racismo avoluma e desfigura o rosto da cultura que o pratica", disse ele.[36] De forma ainda mais decisiva, sustentou que o racismo, no fundo, fazia parte de uma forma elementar de neurose. Comportava invariavelmente um elemento de engajamento passional, como observado em certas psicoses. Associava-se em parte aos delírios, notadamente de ordem passional. A essa tripla estrutura neurótica, psicótica e delirante, acrescentou uma dimensão que se manteve relativamente inexplorada pela crítica: o racismo era uma forma de o sujeito desviar para o Outro a vergonha íntima que sentia de si mesmo; transferi-la para um bode expiatório.

36. Ibid., p. 721 [Ibid., p. 84].

Esse mecanismo de projeção foi chamado de *transitivismo* por Fanon. Ele entendia como transitivismo não o modo como uma cultura nega ou repudia suas instâncias inferiores e pulsões, mas o mecanismo pelo qual as rejeita, imputando-as antes a um gênio mau (o negro, o judeu, o árabe) do que a algo que fabricou por si mesma ou que fez surgir em seus momentos de pânico ou crueldade.

Graças a esse gênio mau, essa cultura cria para si mesma um inimigo interior e, à custa de muita neurose social, mina e destrói por dentro os valores que nem por isso deixa de proclamar. Ao racismo superficial, grosseiro e primitivo se opõe uma outra forma de racismo, mais insidiosa, que consiste em se eximir continuamente de toda e qualquer culpa. Isso porque, segundo Fanon, toda expressão racista sempre é, em certa medida, assombrada por uma má consciência que procura sufocar. Essa é uma das razões pelas quais, diz ele, o racista geralmente se esconde ou tenta se dissimular.

Não se pode descartar que esse pendor para o esconderijo e para a dissimulação esteja associado a um aspecto fundamental dos vínculos que o afeto racista mantém com a sexualidade em geral. Pois, diz Fanon, uma sociedade racista é aquela que se preocupa com a questão da perda do seu potencial sexual. É também uma sociedade habitada pela "nostalgia irracional de épocas extraordinárias de permissividade sexual, cenas orgiásticas, estupros não sancionados, incestos não reprimidos".[37] Orgias, estupros e incesto não cumprem exatamente as mesmas funções na constituição das fantasias racistas. Fanon acredita, porém, que o que eles têm em comum é que respondem ao instinto de vida. Esse instinto de vida tem um duplo: o medo do negro, cuja suposta potência genital, se estiver livre de moral e interdições, representa um perigo biológico real.

37. F. Fanon, *Peau noire, masques blancs*, op. cit., p. 196 e seg. [Ed. bras.: *Pele negra, máscaras brancas*, trad. de Renato da Silveira. Salvador: EDUFBA, 2008, p. 143].

Passemos às formas de sofrimento que o racismo produz. A que tipos de tormentos são expostos os que são alvo de racismo sob as diferentes formas que acabamos de enumerar? Como podemos caracterizar as feridas que lhes são infligidas, as pragas com que são assolados, os traumas que sofrem e o tipo de loucura que vivenciam? Responder a essas perguntas exige que analisemos de perto a maneira como o racismo opera e constitui a partir de dentro o sujeito exposto à sua fúria.

Antes de mais nada, o sujeito racializado é o produto do desejo de uma força externa a si mesmo, que não foi escolhida por ele, mas que paradoxalmente inicia e sustenta o seu ser. Grande parte do sofrimento descrito por Fanon se deve ao acolhimento que o sujeito oferece a essa força externa, que, ao fazê-lo, se converte em momento constitutivo de sua inauguração. Essa constituição do sujeito no desejo de subordinação é uma das modalidades específicas, internalizadas, da dominação racial. Deve-se, ademais, levar a sério o processo pelo qual o sujeito colonial se volta contra si mesmo e se emancipa das condições do seu surgimento na sujeição e por meio dela. A vida psíquica está fortemente implicada nesse *processo de emancipação*, que, para Fanon, deriva naturalmente de uma prática absoluta da violência e de um processo de extração de si mesmo, se necessário, pela via da insurreição.

Em seguida, ser reduzido ao estado de sujeito racial é se colocar desde o início na posição do Outro. O Outro é aquele que deve, a todo momento, provar aos outros que é um ser humano, que merece ser considerado seu semelhante; que é, como Fanon nunca deixa de repetir, "um homem igual aos outros", "um homem como os outros", que é como nós, que é um de nós, que é dos nossos. Ser o Outro é sentir-se sempre em uma posição instável. A tragédia do Outro é que, por causa dessa instabilidade, o Outro está constantemente em alerta. Ele vive na expectativa de um repúdio. Faz de tudo para que isso não aconteça, sabendo que necessariamente vai acontecer e em um momento que ele não tem como controlar.

Em vista disso, ele tem medo de se mostrar como realmente é, preferindo o disfarce e a dissimulação à autenticidade, e convencido de que deve se envergonhar de sua existência. Seu ego é um nó de conflitos. Cindido e incapaz de enfrentar o mundo, como poderia realizar sua moldagem? Como poderia tentar habitá-lo? "Queria simplesmente ser um homem entre outros homens. [...] Queria ser homem, nada mais do que um homem."[38] E eis que "me descubro objeto em meio a outros objetos".[39] O desejo de ser um homem entre outros homens é frustrado pela decretação da diferença. Do sujeito racial, ou seja, definido pela diferença, o racismo exige uma "conduta de negro", quer dizer, a de um homem à parte, pois o negro representa *essa parcela dos homens que são mantidos à parte — a parte à parte*. Constituem uma espécie de *resto*, compelido à desonra e à desgraça.

Corpo-objeto, sujeito no objeto, de que tipo de objeto estamos falando? Trata-se de um objeto real e material, como um móvel? Serão imagens de objetos — o negro como máscara? Ou será um objeto espectral e fantasmático, no limite do desejo e do pavor — o fantasma do negro que me viola, me chicoteia e me faz gritar, sem que eu saiba exatamente se é um grito de prazer ou de pavor? Sem dúvida, é tudo isso de uma só vez e, mais ainda, objetos parciais, membros desconjuntados, que, em vez de formarem um corpo, emergem não se sabe de onde: "Meu corpo era devolvido desancado, desconjuntado, demolido, todo enlutado, naquele dia branco de inverno."[40]

Luto de inverno nesse dia branco, branco de inverno nesse dia de luto, num lugar vazio, o tempo de uma evisceração, e a cor-

---

38. Ibid., p. 155 [Ibid., p. 106].
39. Ibid., p. 154 [Ibid., p. 103].
40. Ibid., p. 156 [Ibid., p. 106].

tina se fecha. A pessoa humana essencial, testemunha de sua dissolução em coisa, é subitamente despojada de qualquer substancialidade humana e encerrada em uma esmagadora objetalidade. O Outro "fixou-me" "como se fixa uma solução com um estabilizador".[41] Eis-me aqui, o "sangue coagulado", prisioneiro do círculo infernal.[42] Uma instância representativa do "branco" tomou o meu lugar e fez da minha consciência o seu objeto. De agora em diante, essa instância respira por mim, pensa por mim, fala por mim, vigia a mim, age por mim. Ao mesmo tempo, essa instância mestra tem medo de mim. Nela trago à tona todos os sentimentos sombrios enterrados nas penumbras da cultura — terror e horror, ódio, desprezo e injúria. A instância mestra imagina que eu a poderia sujeitar às mais variadas sevícias degradantes, possivelmente as mesmas que ela me inflige. Alimento nela um temor ansioso, que deriva não do meu desejo de vingança, muito menos da minha ira ou da raiva impotente que me habita, mas do estatuto de objeto fobígeno com que ela me adornou. Ela tem medo de mim não pelo que lhe fiz, nem pelo que lhe dei a ver, mas por conta do que ela me fez e que ela pensa que eu poderia fazer a ela em retribuição.

As formações racistas são, assim, por definição, produtoras e redistribuidoras das mais diversas loucuras miniaturizadas. Contêm em si núcleos incandescentes de uma loucura que se esforçam para liberar em doses celulares, na forma de neurose, psicose, delírio e até mesmo erotismo. Ao mesmo tempo, secretam situações objetivas de loucura, que envolvem e estruturam toda a existência social. Estando todos presos nas tramas dessa violência, em seus diversos espelhos, ou em suas diferentes refrações, todos são, em graus variados, sobreviventes dela. O fato de estar de um lado ou do outro não significa de modo algum que se esteja de fora do campo ou impedido de jogar, longe disso.

41. Ibid., p. 164 [Ibid., p. 103].
42. Ibid., p. 159 [Ibid., p. 109].

Medos racistas

Portanto, o racista não tem apenas uma propensão para a dissimulação. Ele também é habitado pelo medo — no caso de que tratamos aqui, o medo do negro, esse Outro que é obrigado a viver sua vida sob o signo da duplicidade, da necessidade e do antagonismo. Essa necessidade é geralmente concebida na linguagem da natureza e dos processos orgânicos e biológicos. De fato, o negro respira, bebe, come, dorme e evacua. Seu corpo é um corpo natural, um corpo de necessidades, um corpo fisiológico. Ele não sofre à maneira de um corpo humano expressivo. No fundo, ele nem sequer pode adoecer, pois, seja qual for a situação, a precariedade já é seu atributo. O seu nunca foi um corpo saudável. A vida negra é deficiente e, portanto, pobre.

No contexto colonial, o racista dispõe da força. Mas não basta dispor da força para eliminar o medo. O racista tem, na verdade, medo do negro, apesar de já ter decretado anteriormente sua inferioridade. Como se pode ter medo daquele a quem, apesar de tudo, se menosprezou; daquele a quem se removeram de antemão todos os atributos de força e poder? Aliás, não se trata apenas de medo, mas de uma combinação de medo, ódio e amor desproporcitado. Esse é, na verdade, o traço característico do racismo antinegro — o fato de, diante de um negro, não ser capaz de se comportar e agir "normalmente". Isso afeta tanto o próprio negro quanto quem está diante dele.

A propósito da fobia, Fanon observa que "é uma neurose caracterizada pelo temor ansioso de um objeto (no sentido mais amplo de tudo o que é exterior ao indivíduo) ou, por extensão, de uma situação".[43] O negro é um objeto que desperta temor e nojo. O temor, a aflição e o medo do negro como objeto emanam de

---

43. Ver Angelo Hesnard, *L'Univers morbide de la faute*. Paris: PUF, 1949, p. 37, apud Frantz Fanon, *Peau noire, masques blancs*, op. cit., p. 188 [*Pele negra, máscaras brancas*, op. cit., p. 136].

uma estrutura infantil. Em outras palavras, existe uma estrutura infantil do racismo associada a um acidente desestabilizante e, em especial no caso dos homens, à ausência da mãe. A escolha do objeto fobígeno, sugere Fanon, é determinada. "Este objeto não surge da noite do Nada".[44] Ocorreu um acidente que despertou um afeto no sujeito.

A fobia é a presença latente desse afeto sobre o fundo do mundo do sujeito; há organização, formação. Pois, naturalmente, o objeto não tem necessidade de estar presente, é suficiente que ele *seja*: ele é uma possibilidade. Este objeto é dotado de intenções más e de todos os atributos de uma força maléfica.[45]

Portanto, há algo do pensamento mágico no homem que tem medo.[46]

Aquele que odeia o negro, que se amedronta diante dele, ou a quem o encontro real ou fantasioso com o negro faz mergulhar na aflição, reproduz um trauma desestabilizante. Não age de forma racional nem lógica. Ele mal pensa. É movido por um afeto e obedece às suas leis. O negro é, na maioria dos casos, um agressor mais ou menos imaginário. Um objeto assustador, que desperta o terror. Fanon se debruça então sobre o lugar que a sexualidade ocupa nessa dinâmica do medo racista. Seguindo nisso os passos de Angelo Hesnard, evoca a hipótese de que o motivo do pavor deriva do medo de que o negro possa "me submeter a todo tipo de coisas, mas não sevícias banais: sevícias sexuais, ou seja, imorais, desonrantes".[47]

---

44. F. Fanon, *Peau noire, masques blancs*, op. cit., p. 189 [*Pele negra, máscaras brancas*, op. cit., p. 137]. (As citações a seguir são oriundas da mesma página.)
45. Ibid. [Ibid., p. 137].
46. Ver Charles Odier, *L'Angoisse et la pensée magique*. Neuchâtel: Delachaux et Niestlé, 1948.
47. F. Fanon, *Peau noire, masques blancs*, op. cit., p. 190. [*Pele negra, máscaras brancas*, op. cit., p. 137].

No imaginário racista, o negro enquanto sujeito sexual se equipara a um objeto assustador e agressivo, capaz de infligir sevícias e traumas à sua vítima. Como se supõe que nele tudo passe pelo plano genital, as sevícias que seria capaz de cometer podem se mostrar particularmente desonrosas. Se ele de fato viesse a nos estuprar ou simplesmente a nos chicotear, essa desonra não derivaria apenas da nossa implicação forçada em uma existência vergonhosa. Seria também o resultado do arrombamento de um corpo considerado humano por um corpo-objeto. E apesar disso, o que poderia ser mais encantador e mais prazeroso, de uma perspectiva dionisíaca e sadomasoquista, do que o gozo por intermédio de um objeto, em vez do gozo por intermédio de um membro que pertence a outro sujeito?

Pode-se, assim, compreender o lugar privilegiado que ocupam as duas formas da sexualidade dionisíaca e sadomasoquista na fantasmagoria racista. Na sexualidade dionisíaca do tipo bacanal, o negro é fundamentalmente um membro, mas não um membro qualquer: um membro ultrajante. Na sexualidade do tipo sadomasoquista, ele é um estuprador. O sujeito racista, desse ponto de vista, é aquele que não para de gritar: "O negro me estupra! O negro me chicoteia! O negro me estuprou!". Mas, diz Fanon, trata-se basicamente de uma fantasia infantil. Dizer "o negro me estupra" ou "me chicoteia" não significa dizer "machuque-me" ou "o negro me machuca". Significa dizer: "Eu me machuco como o negro faria se ele de fato estivesse no meu lugar; se ele tivesse a oportunidade".

No centro de ambas as formas de sexualidade está o falo. Esse último não é apenas um lugar abstrato, um simples significante ou um sinal diferenciador, o objeto destacável e divisível oferecido à transcrição simbólica de que falava Jacques Lacan. O falo por certo não se resume ao pênis enquanto tal. Mas tampouco é o órgão sem corpo tão caro a uma certa tradição psicanalítica ocidental. Pelo contrário, em situações coloniais — e, portanto, racistas —, representa aquilo da vida que se manifesta da forma mais pura como turgidez, como irrupção e como intrusão. É evidente que não se pode falar em irrupção, turgidez e intrusão sem restituir ao falo, se não sua fisicalidade, pelo menos sua carne viva, sua capacidade de testemunhar os reinos do sensível, de experimentar todo tipo de sensações, vibrações e frêmitos (uma cor, um aroma, um toque, um peso, um odor). Em contextos de dominação racial e, portanto, de minorização social, o falo negro é percebido antes de mais nada como uma enorme potência de afirmação. É o nome de uma força a um só tempo totalmente afirmativa e transgressiva, que não é contida por nenhuma interdição.

Nessa condição, contradiz de maneira radical o poder racial, que, além de se definir prioritariamente como o poder do interdito, também se representa como dotado ele próprio de um falo que funciona como seu emblema e adereço, bem como o dispositivo central de sua disciplina. Esse poder *é* falo, e o falo é o derradeiro nome do interdito. Como derradeiro nome do interdito, ou seja, muito além de qualquer interdição, pode alegremente montar naqueles que a ele se submeteram. Nesse sentido, ele pretende agir como fonte de movimento e energia. Pode agir como se fosse no e pelo falo que o acontecimento se desse; como se, na verdade, o falo fosse o acontecimento.

A crença de que, no fim das contas, o poder é o esforço que o *phallós* faz sobre si mesmo para se tornar figura — essa crença está na raiz de toda dominação colonial. Na verdade, ela continua a atuar como o não dito, o subsolo, se não como o horizonte da nossa modernidade, mesmo que não queiramos ouvir falar disso. O mesmo vale para a crença de que o falo é falo apenas no movimento pelo qual tenta fugir do corpo e adquirir sua própria autonomia. E é essa tentativa de fuga, ou então essa irrupção, que produz espasmos, sendo justamente por essas irrupções espasmódicas que o poder numa situação colonial e racista declara sua identidade.

Os espasmos por meio dos quais se acredita reconhecer e identificar o poder e suas vibrações apenas delineiam o volume oco e achatado desse mesmo poder. Assim como o falo bem pode se dilatar, essa dilatação sempre se faz seguir por uma contração e uma dissipação, uma detumescência. Além disso, nas condições coloniais e racistas, o poder que faz o negro gritar e que arranca gritos incessantes de seu peito não teria como não ser um poder acoplado da sua bestialidade — do seu espírito-cão, do seu espírito--porco, do seu espírito-cáfila. Só pode ser um poder dotado de uma matéria-prima corporal, uma carcaça da qual o falo tanto é a manifestação mais fulgurante quanto a superfície sombreada. Um poder que é *phallós* no sentido sugerido por Fanon não tem como se apresentar aos seus súditos senão recoberto por uma caveira de defunto. É essa caveira que os faz bradar tanto e que faz da vida do negro uma vida de negro, uma mera vida zoológica.

Historicamente, o linchamento de homens negros no sul dos Estados Unidos durante a época da escravidão e após a Proclamação da Emancipação teve origem, em parte, no desejo de castrá-los. Aflito quanto ao seu próprio potencial sexual, o "branco pobre" racista e o fazendeiro são tomados de terror ao pensar no "gládio negro", do qual temem não apenas o suposto volume, mas também a essência penetrante e assaltante. O escritor Michel Cournot disse praticamente a mesma coisa em termos mais luxuriosos: "A espada do negro é uma espada. Quando ele passou tua mulher pelo seu fio, ela sentiu algo" que é da ordem da revelação. Mas a espada também deixou para trás um abismo. E, nesse abismo, disse ele, "teu penduricalho se perdeu". E passa a comparar a verga do negro com a palmeira e a árvore-do-pão, que não se curvaria nem para um império.

No gesto obsceno que é o linchamento, tenta-se, assim, proteger a suposta pureza da mulher branca, mantendo o negro erguido à altura da sua morte. O que se almeja é levá-lo a contemplar a extinção e o ocaso daquilo que, na fantasmagoria racista, é considerado o seu "sol sublime", seu *phallós*. A laceração da sua masculinidade deve passar pela transformação de seus genitais em uma paisagem de ruínas — apartando-os do contato com as forças vitais. Isso porque, como bem disse Fanon, nessa configuração, o negro não existe. Ou melhor, o negro é, antes de tudo, um *membro*.

Ter medo daquele de quem previamente se subtraiu todo e qualquer atributo de força não significa, porém, ser incapaz de lhe infligir violência. A violência exercida contra ele se assenta numa mitologia, a que sempre acompanha a violência dos dominantes. Fanon nunca se cansa de lembrar que esses últimos têm uma relação com sua própria violência, da qual são os autores, que geralmente passa pela mitologização, isto é, pela construção de um discurso desrealizado, desligado da história. A função do mito é, pois, tornar as vítimas responsáveis pela violência de que são justamente as vítimas. Na base desse mito não está apenas uma separação original entre "eles" e "nós". O verdadeiro problema é o seguinte: que eles não sejam como nós está errado. Mas que eles se tornem como nós também está. Para o dominador, ambas as opções são tão absurdas quanto insuportáveis.

Cria-se, em decorrência disso, uma situação insana, que, para sua perpetuação, requer uma violência incessante, mas é uma violência que desempenha uma função mítica, na medida em que é constantemente desrealizada. Não é reconhecida pelo dominador, que, além disso, nunca deixa de negá-la ou eufemizá-la. Ela existe, mas aqueles que a produzem se mantêm invisíveis e anônimos. E mesmo quando sua existência é comprovada, ela não tem sujeito. Como o dominador não é responsável por ela, só pode ter sido provocada pela própria vítima. Assim, por exemplo, se são mortos, é por serem quem são. Para evitar serem mortos, basta que não sejam quem são. Ou então, se forem mortos, só pode ser de modo fortuito, como danos colaterais. Para evitar serem mortos, basta que não estejam no lugar em que estão naquele exato momento. Ou então, se os matamos, é porque estão fingindo ser como nós, nosso duplo. E ao matarmos nosso duplo, garantimos nossa sobrevivência. Basta então que sejam diferentes de nós. Essa renovação permanente da divisão entre "eles" e "nós" é uma das condições de reprodução, numa escala molecular, da violência do tipo colonial e racial. Mas, como se pode constatar hoje, é da natureza da violência racial sobreviver às condições históricas do seu nascimento.

Olhando especificamente para a violência racial, Fanon parte de uma questão que parece anódina: o que acontece no encontro entre o negro (*Noir*) e o branco? Segundo Fanon, o encontro se realiza sob o signo de um mito compartilhado — o mito do negro (*Nègre*). De fato, aponta Fanon, a cultura europeia possui uma *imago* do negro que os próprios negros internalizaram e fielmente reproduzem, mesmo nas circunstâncias mais triviais da vida. Em que consiste essa imago? Nessa economia imaginária, o negro não é um ser humano, mas um objeto. Mais precisamente, ele é um objeto fóbico, que, como tal, suscita medo e pavor. Esse objeto fóbico é descoberto primeiramente por meio do olhar.

Descolonização radical e um festival da imaginação

Vejamos mais detidamente, pois, esse momento fundador que, para Fanon, tem um nome: descolonização radical. Em sua obra, ela se assemelha a uma força de recusa e se opõe diretamente à paixão pelo hábito. Essa força de recusa constitui o momento primordial da política e do sujeito. Na verdade, o sujeito da política — ou o sujeito fanoniano por excelência — nasce para o mundo e para si mesmo por intermédio do gesto inaugural que é a capacidade de dizer não. Recusa do que, se não a se sujeitar e, antes de mais nada, a uma representação. Pois, em contextos racistas, "representar" é o mesmo que "desfigurar". A vontade de representação é, no fundo, uma vontade de destruição. Trata-se de fazer violentamente que algo passe a ser nada. Representar faz parte, assim, tanto de um jogo de sombras quanto de uma devastação, mesmo que, depois dessa devastação, ainda exista algo que pertencia à ordem anterior.

Como operação simbólica, a representação não necessariamente abre caminho para a possibilidade de reconhecimento recíproco. De saída, na consciência do sujeito que representa, o sujeito representado corre sempre o risco de ser transformado em um objeto ou um brinquedo. Ao se deixar representar, ele se priva da capacidade de criar, para si mesmo e para o mundo, uma imagem de si mesmo. Ele é obrigado a assumir uma imagem contra a qual terá de lutar incessantemente. Ele é o homem que se digladia com uma imagem com a qual está ornado; da qual luta para se livrar; da qual não é o autor e na qual não se reconhece. A partir daí, em vez de ser "totalmente o que [é]",[48] se é que isso é possível, ele está condenado a viver sua consciência como uma carência. Na história do encontro entre o Ocidente e os mundos distantes, há de fato uma forma de representar o Outro que o esvazia de qualquer substância e o deixa sem vida, "em corpo a corpo com a morte, uma morte aquém da morte, uma morte na vida".[49]

Essa é a teoria negativa da representação que está subjacente à ideia de violência racial de Fanon, que não opera somente por meio do olhar, mas se apoia nos mais diversos tipos de dispositivos, incluindo, por exemplo, a divisão espacial e a segregação

---

48. F. Fanon, *Peau noire, masques blancs*, op. cit., p. 172 [*Pele negra, máscaras brancas*, op. cit., p. 122].
49. F. Fanon, *Pour la révolution africaine*, in *Œuvres*, op. cit., p. 700 [Ed. port.: *Em defesa da revolução africana*, trad. de Isabel Pascoal. Lisboa: Sá da Costa, 1980, p. 17].

também espacial, uma divisão racista do "trabalho sujo" (estipulando, a título de exemplo, que os *"tirailleurs* senegaleses" afogassem em sangue a insurreição malgaxe), e tecnologias como a linguagem, o rádio e até mesmo a medicina, dotadas ocasionalmente de um poder mortífero. Ela gera toda uma série de sobreviventes, que são, em sua maioria, homens e mulheres presos em um combate corpo a corpo com a sombra em que foram mergulhados e que lutam para rompê-la e para chegar à clareza de si mesmos.

Se Fanon se detém tanto na face sombria da vida em situação de loucura (sendo o racismo considerado, desse ponto de vista, como uma instância específica de perturbação psíquica), é sempre para esboçar um momento afirmativo e quase solar, o do reconhecimento recíproco que anuncia o advento do "homem como todos os outros". O homem "como os outros homens" tem um corpo. Tem pés, mãos, um peito e um coração. Não é um amontoado de órgãos. Ele respira. Ele anda.

Assim como inexiste corpo que não esteja animado e em movimento — um corpo que respira e caminha —, tampouco existe corpo que não seja um corpo com *nome*. O nome é diferente do apelido: não importa quem ele é, ele será sistematicamente chamado de Mohammed ou Mamadou. O apelido, sugere Fanon, é o resultado da falsificação de um nome original, a partir de uma ideia conhecida por ser "nojenta".[50] O nome é conjugado com o *rosto*. Não há reconhecimento recíproco sem reivindicar a face do Outro como se fosse, se não semelhante à minha, pelo menos próxima à minha. Esse gesto de reivindicar a face do Outro como a face da qual sou *a priori* o guardião se opõe diretamente ao gesto de apagamento que é, por exemplo, a caça à sua *fácies*.

Finalmente, o Outro somente é Outro na medida em que tem um lugar entre nós; na medida em que encontra um lugar entre

---

50. Ibid., p. 702 [Ibid., p. 19].

nós; na medida em que nós lhe damos espaço entre nós.[51] O reconhecimento do humano que sou no rosto do homem ou da mulher que está diante de mim é a condição para que o "homem que está nesta terra" — esta terra enquanto lar de todos — seja mais do que um amontoado de órgãos e mais do que um Mohammed. E se é verdade que esta terra é o lar de todos, então não se pode mais exigir de ninguém que volte para casa.

Não se reconhece o paciente de Fanon apenas por sua capacidade de recusa. Ele também se distingue por sua prontidão para lutar. Para se referir à luta, Fanon recorre a uma série de termos: a libertação, a descolonização, a desordem absoluta, mudar a ordem do mundo, a saída da grande noite, a vinda ao mundo. A luta não é espontânea. É organizada e consciente. Ela é, como diz ele, o fruto de uma "decisão radical".[52] Ela tem um ritmo próprio.

Trabalho para novos homens, seu ator privilegiado é o povo, sujeito coletivo, se é que alguma vez houve um. Ela está na origem de novas linguagens. Visa o surgimento de uma nova humanidade. Envolve tudo: os músculos, os punhos nus, a inteligência, o sofrimento que não poupamos, o sangue. Como um novo gesto, produz novos ritmos respiratórios. O lutador fanoniano é um homem que volta a respirar, cujas tensões musculares se relaxam e cuja imaginação está em festa.

A festa da imaginação resultante da luta é o nome que ele dá à cultura. Ela é cadenciada pela transmutação de figuras picarescas, pelo ressurgimento das narrativas épicas, um imenso trabalho realizado sobre objetos e formas. É o caso da madeira e sobretudo das máscaras, que vão da desolação à animação, especialmente dos rostos. É também o caso da cerâmica (jarros, potes, esmaltados e bandejas). Por meio da dança e do canto melódico, o colonizado reestrutura sua percepção. O mundo perde

---

51. Ibid., p. 701 [Ibid., p. 18].
52. F. Fanon, *Les Damnés de la terre*, op. cit., p. 459 [*Os condenados da terra*, op. cit., p. 34].

seu caráter maldito e são criadas as condições para o inevitável confronto. Não há, portanto, luta que não acarrete, necessariamente, o rompimento de velhas sedimentações culturais. Esse tipo de luta é um trabalho coletivo organizado. Seu objetivo é, claramente, reverter a história. O paciente fanoniano procura voltar a se tornar a origem do futuro.

A relação de cuidado

Dos diversos pacientes que a sociedade da inimizade gera, Fanon se ocupou particularmente de pessoas acometidas pela impotência; mulheres estupradas; vítimas de tortura; pessoas que sofriam de ansiedade, estupor ou depressão; inúmeras pessoas (inclusive crianças) que haviam matado ou torturado; pessoas que haviam perdido familiares; pessoas que sofriam das mais variadas fobias; combatentes e civis; franceses e argelinos; refugiados que padeciam de tipos diversos de psicoses puerperais; outras pessoas que, à beira do desespero e sem conseguir suportar mais, haviam tentado se suicidar; pessoas profundamente desarticuladas, que haviam perdido a voz, que se punham a gritar e cuja agitação, atestou ele, por vezes chegava a assumir a forma de crises furiosas e de delírios (notadamente de perseguição).

Isso não era tudo. Ele cuidava de homens e mulheres de todas as idades e profissões; pacientes com distúrbios mentais graves, distúrbios comportamentais; acometidos por ideias delirantes de perseguição; emitindo gritos ásperos e berros a toda hora e em qualquer lugar; acometidos por uma agitação psicomotora intermitente, diurna ou noturna; pacientes que às vezes eram agressivos, completamente inconscientes de sua doença; pacientes astênicos e reticentes; loucos que, além do mais, podiam ser racistas; pessoas, inclusive missionários, que haviam retornado da África, onde se haviam celebrizado por uma conduta violenta e arrogante para com os nativos, especialmente com as crianças; hipocondríacos; seres humanos cujo ego e cujas relações desse com o resto do mundo haviam sido tão alterados que não mais encontravam seu "lugar entre as pessoas".[53] Mas eram, sobretudo, pessoas imersas em quadros depressivos quase contínuos, excitados, irritáveis, coléricos e às vezes irados, que sucumbiam às lágrimas, aos gritos, aos lamentos, confrontados com uma impressão de morte iminente, face a face com carrascos (visíveis e invisíveis) a quem nunca pararam de implorar. Esse mundo do ódio, da desgraça e da guerra, entretecido por apelos à misericórdia sem resposta; por pedidos para poupar os inocentes — esse foi o mundo ao qual Fanon deu sua atenção e, acima de tudo, à escuta do qual se pôs. Foi o mundo cuja história ele pacientemente se esforçou para reconstruir e ao qual quis dar uma voz e um rosto, sem qualquer laivo de miserabilismo.

A pessoa doente, disse Fanon, é "antes de tudo aquela que sofre e pede para ser confortada".[54] Porque "o sofrimento provoca compaixão e ternura", o estabelecimento hospitalar, que é, sobretudo, "um estabelecimento de cura, um estabelecimento terapêutico", não pode ser convertido "em um quartel".[55] A perda da liberdade, a perda do sentido do tempo, a perda da capacidade de se cuidar e de se importar consigo mesmo, a perda dos relacionamentos e a perda do mundo, considerava ele, constituíam o verdadeiro drama da pessoa doente e do indivíduo alienado. Isso porque "a pessoa sã é uma pessoa social".[56] A doença "subtrai" o indivíduo dos outros seres sociais "e o isola" deles. Ela o separa

---

53. Frantz Fanon, *Écrits sur l'aliénation et la liberté*. Paris: La Découverte, 2015, p. 187 [Ed. bras.: *Alienação e liberdade. Escritos psiquiátricos*, trad. de Sebastião Nascimento. São Paulo: Ubu, 2020, p. 322].
54. Ibid., p. 290 [A seção que contém a passagem citada não foi incluída na seleção de textos da tradução brasileira].
55. Ibid., p. 291 [A seção que contém a passagem citada não foi incluída na seleção de textos da tradução brasileira].
56. Ibid., p. 181 [Ibid., p. 315].

do mundo, "deixando-o impotente e sozinho com um mal que é rigorosamente seu".⁵⁷ O colapso total ou parcial da integridade biofísica, psíquica ou mental do paciente ameaça o sistema de relações, sem o qual o paciente é repelido para fora do mundo e institucionalizado. Pois, onde quer que o outro ou, mais especificamente, meu "próximo" ou "semelhante" não mais me revele a mim mesmo e onde quer que eu me torne incapaz de "encontrar o rosto do outro", de "estar com outras pessoas", meus semelhantes, ali estará a doença.⁵⁸

Pelo fato de a doença me colocar num estado que praticamente me impede de encontrar o meu próximo, o meu semelhante, outras pessoas humanas, todo ato de cura autêntica pressupõe a reconstituição desse vínculo e, portanto, de algo que nos seja comum. A reconstituição do comum começa pela troca de palavras e pela quebra do silêncio:

> É a linguagem que rompe o silêncio e os silêncios. Então, pode-se comunicar ou comungar com essa pessoa. O próximo, no sentido cristão, é sempre um cúmplice. [...] Comungar é comungar em face de alguma coisa. [...] É a partir do comum que poderão surgir as intenções criativas.⁵⁹

Se, para o paciente, a comunicação, a comunhão e a cumplicidade com seus semelhantes são todos meios de manter-se em contato com o mundo e dele participar, lembrar-se e projetar-se no futuro é igualmente necessário para o retorno à vida e, portanto, crucial em qualquer aventura terapêutica. Essa relação com o passar do tempo — a data a ser lembrada, um calendário que permite estabelecer um programa, ontem, amanhã, os dias

---

57. Ibid., p. 322 [Ibid., p. 205].
58. Ibid., p. 181 [Ibid., p. 315].
59. Ibid., pp. 234-235 [Ibid., p. 264].

que passam e não se parecem, o Eid al-Kabir que é celebrado,⁶⁰ o ângelus que ressoa, os sinos de Páscoa que são ouvidos — é um ponto-chave em qualquer gesto de cura. Pois, uma vez internados, alguns pacientes "erguem entre eles e o mundo exterior uma tela muito opaca, atrás da qual se imobilizam".⁶¹ Vencidos pela inércia, eles se entregam. Assim, na atmosfera "pesada, irrespirável" do hospital, a vida manicomial é feita de disputas intermináveis entre os pacientes, que os enfermeiros precisam apartar constantemente, "sob o risco de acabarem recebendo alguns golpes".⁶² O reduzido tamanho dos espaços e a propensão dos pacientes a se distrair "jogando comida sobre a mesa ou no chão, entortando seus talheres de ferro ou quebrando as colheres" são tais que "os cuidados de limpeza absorviam parte considerável da atuação da equipe".⁶³ O medo se instala. Os enfermeiros temem os pacientes. O barbeiro, por sua vez, exige que sejam amarrados para serem barbeados. "Por medo dos pacientes, ou para puni-los", deixam-nos "numa cela, por vezes sem camisa, sem colchão e sem lençóis", quando, como medida preventiva, não são simplesmente "enclausurados".⁶⁴

Agachado, reclinado, deitado ou sentado, o paciente simplesmente não se solta. Seus pontos de referência temporais estão profundamente afetados. O que costumava compor seu mundo de repente se abate sobre ele. Ao nivelamento temporal se acrescenta a degeneração da linguagem. A bifurcação entre as funções

---

60. Um dos principais feriados no calendário islâmico, estendendo-se por até quatro dias, a Grande Festa (Eid al-Kabir), ou Festa do Sacrifício (Eid al-Adha), celebra — por meio do sacrifício ritual de animais, obrigatoriamente machos, oferta de donativos, visitações e trocas de presentes — a disposição de Ibrahim (Abraão) a sacrificar seu filho Ismael como ato de obediência ao mandamento divino. [N. T.]
61. Ibid., p. 267 [A seção que contém a passagem citada não foi incluída na seleção de textos da tradução brasileira].
62. Ibid., p. 304 [Ibid., pp. 180-181].
63. Ibid. [Ibid., pp. 180-181].
64. Ibid. [Ibid., p. 181].

de expressão e as funções de sentido torna-se mais pronunciada. A referência é neutralizada e o significante é destruído. A capacidade de abarcar a realidade do mundo e de realizar o encontro com o outro por intermédio do discurso é reduzida. O ato de fala não é mais necessariamente o sinal manifesto de uma atividade consciente. Tendo-se descolado da consciência, a linguagem agora é apenas a estátua reificada da doença. Meio encostado, de olhos fechados, o paciente entra na zona da inacessibilidade e do esquecimento — o esquecimento do vasto mundo.

Nessas condições, a relação de cuidado por certo consiste em interromper o curso inexorável da degeneração. Mas, acima de tudo, visa restituir o paciente ao seu ser e às suas relações com o mundo. Para que a doença e eventualmente a morte não monopolizem o futuro e a vida como um todo, a relação de cuidado deve ser de reconhecimento do doente e de acompanhamento do paciente em seus esforços para renascer no mundo. Deve impedi-lo de morrer antes do tempo; de pensar e agir como se já estivesse morto; como se o tempo da vida cotidiana não mais contasse. Deve incitá-lo a cultivar o seu interesse pela vida. Daí, segundo Fanon, "a preocupação constante em remeter cada palavra e cada gesto, cada expressão facial do rosto" da pessoa doente à doença de que foi acometida.[65]

Como policial, um dos pacientes de Fanon exerce seu ofício — a tortura. Era o seu trabalho. Então ele torturava serenamente. A tortura é fatigante, é verdade. Mas, afinal, isso é normal, lógico e racional, até que um dia ele começou a fazer em casa o que fazia no trabalho. Embora ele nem sempre tivesse sido assim antes, agora era. Na clínica, conheceu um dos homens que torturara. Essa reunião foi insuportável tanto para um quanto para o outro. Como poderia fazer para que soubesse, a começar por si mesmo,

65. Ibid., p. 236 [Ibid., p. 266].

que não havia enlouquecido? A violência que havia sido levado a produzir agora o trancava no personagem do louco. Talvez tivesse que atear fogo ao próprio corpo para escapar dele? O outro paciente de Fanon era acometido pela cólera e pela raiva. Mas não era consumido pelo complexo de imolação pelo fogo. Seus testículos haviam sido praticamente esmagados em uma horrível sessão de tortura. Passou a sofrer de impotência e sua masculinidade foi afetada. Não sabia o que fazer com a violência que tinha dentro de si por causa da violência que teve que suportar. Sua própria esposa fora, sem dúvida, estuprada. Duas instâncias de violência, portanto — uma que é dada externamente, mas que produz a outra, a violência que habita o sujeito internamente e nele desperta raiva, cólera e, por vezes, desespero.

Essa raiva e essa cólera sofridas são formas primordiais de sofrimento. Mas esse sofrimento se estende para muito além. Ele atinge os próprios quadros da memória. O poder da lembrança é erodido. A memória agora só funciona em fragmentos e resíduos, e na modalidade patogênica. Pilhas de desejos recalcados que agora só aparecem à luz do dia sob disfarces — tudo ou quase tudo se tornou irreconhecível. Uma cadeia de eventos traumáticos envolve o sujeito, despertando nele ojeriza, ressentimento, cólera, ódio e raiva impotente. Para escapar disso, sugere Fanon, é preciso redirecionar o rastro daquele que foi vencido e recriar uma genealogia. É preciso sair do mito e escrever a história — vivê-la não sob a forma de histeria, mas com base no princípio segundo o qual "eu sou meu próprio fundamento".

O duplo espantoso

Esse policial não quer mais escutar gritos. Eles o impedem de dormir. Para se libertar desse clamor noturno, ele sempre tem que fechar as persianas antes de se deitar; calafetar as janelas

mesmo durante os meses quentes de verão e tapar os ouvidos com algodão.
Esse inspetor não para mais de fumar. Perdeu o apetite e seu sono é perturbado por intermináveis pesadelos.
Logo que encontro oposição sinto vontade de bater. Mesmo fora do serviço, me dá vontade de esmurrar o sujeito que me barra a passagem. Por qualquer tolice. Veja, por exemplo: eu vou comprar jornal no quiosque. Tem uma porção de gente. Forçosamente é preciso esperar. Estendo o braço (o cara do quiosque é meu camarada) para pegar o jornal. Alguém da fila me diz com um arzinho de desafio: "Espere a sua vez". Pois bem, tenho vontade de esbofeteá-lo, e digo comigo: "Meu velho, se você passar algumas horas na minha mão, não tornará mais a bancar o engraçadinho".[66]

Na verdade, ele é consumido pela vontade de bater... em tudo. Em todo o mundo. Em todos os lugares, inclusive em casa. Ninguém escapa, nem seus filhos, nem sequer o "pequeno de 20 meses" e, "com rara selvageria", muito menos sua própria esposa, que cometeu o erro de interpelá-lo e de dar nome ao mal que o corroía: "Francamente, você enlouqueceu...". Em resposta, "ele se lançou sobre ela, esbofeteou-a, amarrou-a numa cadeira e disse-lhe: 'Vou te mostrar de uma vez por todas quem é que manda nessa joça'".[67]

Uma jovem francesa de 21 anos ficou desgostosa com o funeral de seu pai. Escutou oficiais pintarem um retrato dele que em nada correspondia à sua vivência com ele. O morto a quem pranteavam subitamente se adornava com qualidades morais extraordinárias (abnegação, devoção, amor à pátria). Ela se sentiu nauseada com isso. Pois sempre que estava em casa, passava as noites acordada. Com efeito, vinham do porão até ela gritos com que nunca conseguiu se acostumar: "no porão e nos cômodos

66. F. Fanon, *Les Damnés de la terre*, op. cit., p. 639 [*Os condenados da terra*, op. cit., p. 227-228].
67. Ibid. [Ibid., p. 228].

utilizados agora com outra finalidade, torturava-se aos argelinos a fim de obter informações". "Às vezes me pergunto como um ser humano pode suportar [...] ouvir alguém gritar de dor".[68] Fanon escreveu em sua carta de demissão dirigida ao Ministro Residente em 1956: "Durante quase três anos dediquei-me totalmente ao serviço deste país e dos homens que o habitam". Mas, ressaltou imediatamente, "de que servem as intenções, se a sua encarnação é tornada impossível pela indigência do coração, pela esterilidade do espírito, pelo ódio aos autóctones deste país?".[69] Os três termos — indigência do coração, esterilidade do espírito, ódio aos autóctones — descrevem de forma lapidar aquilo que, a seu ver, sempre caracterizou o sistema colonial. Em muitas ocasiões e sempre com base em fatos que havia observado diretamente, ele ofereceu uma descrição detalhada e multifacetada desses traços. E quanto mais vivenciava isso em primeira mão, mais lhe parecia ser como uma lepra que não poupava o corpo de ninguém, colonizados ou colonizadores, "toda essa lepra a cobrir o teu corpo".[70]

Na verdade, sua "Carta a um francês" deve ser lida ao mesmo tempo que aquela que a precede, sua "Carta ao Ministro Residente".[71] Quer tenham sido escritas no mesmo momento ou não, uma explica a outra. Uma serve como justificativa para a outra. Enquanto modalidade da lepra, a colonização ataca os corpos por ela deformados. Mas visa, sobretudo, o cérebro e, secundariamente, o sistema nervoso. "Descerebrar", é esse o seu objetivo.

Não há dúvida de que a descerebração consiste em proceder, se não a uma amputação, pelo menos a uma esterilização do

---

68. Ibid., p. 646 [Ibid., p. 235].
69. F. Fanon, *Pour la révolution africaine*, op. cit., p. 734 [*Em defesa da revolução africana*, op. cit., pp. 57–58].
70. Ibid., p. 730 [Ibid., p. 52].
71. Ibid., pp. 729–732; 733–735 [Ibid., pp. 51–55 e 57–60]. (As citações a seguir provêm desses dois textos.)

cérebro. O ato de descerebração também visa tornar o sujeito "estranho ao que o rodeia". Esse processo de "ruptura organizada com o real" leva em muitos casos à loucura. Frequentemente, a loucura se expressa sob a forma da mentira. Uma das funções da mentira colonial é alimentar o silêncio e induzir condutas de cumplicidade sob o pretexto de "nada mais haver a fazer", exceto, talvez, ir embora.

Mas por que ir embora? A partir de que momento o colono começa a entreter a ideia de que talvez seja melhor ir embora? No momento em que percebe que as coisas não estão indo bem: o "ambiente deteriora-se"; o "país inexplicavelmente eriçado"; as estradas "já não são seguras". Os trigais foram "transformados em braseiros". Os árabes "se tornam maus". Em breve nossas mulheres serão violadas. Nossos próprios testículos "serão cortados e esmagados" entre nossos dentes. Mas, se as coisas realmente se deterioram, é porque a lepra colonial se espalha por toda parte e com ela "esta chaga enorme" enterrada sob a "mortalha de silêncio", o silêncio conjugado de todos, o silêncio supostamente ignorante e que, por isso, protesta a sua inocência com base numa mentira.

Pois como é que ninguém vê este país e as pessoas que nele vivem? Que não se queira entender o que se passa à sua volta todos os dias? Que se proclame em alto e bom som sua preocupação pela humanidade, "mas, singularmente, não pelo árabe", diariamente negado e transformado "em decoração do Saara"? Como é que nunca "apertaram a mão a um árabe", nunca "beberam um café" juntos, nunca "falaram do tempo com um árabe"? Porque, no final, não há um só europeu "que não se revolte, não se indigne, não se alarme com tudo, exceto com a sorte do árabe".

O direito à indiferença ou à ignorância não existe, portanto, para Fanon. Aliás, revoltar-se, indignar-se, alarmar-se com a sorte do ser humano que tem as costas curvadas e a "vida parada"; cujo rosto exibe as marcas do desespero; em cujo ventre se entrevê resignação; em cujo sangue se diagnostica "o desgaste prostrado de uma vida inteira" — essa era para ele, muito além de seus aspectos puramente técnicos, a tarefa do médico no contexto colonial. O ato médico tinha por objetivo fazer surgir o que ele chamava de um mundo que valesse a pena. O médico tinha que ser capaz de responder às perguntas: "Que se passa?", "Que aconteceu?". Essa *exigência de responder* implicava um dever similar de ver (recusa ao autoengano), de não ignorar, de não deixar passar em silêncio, de não dissimular o real. Ela demandava do médico que se envolvesse com aqueles que tinham sido varridos, com esse mundo de gente sem sonhos, e que relatasse, com voz clara e distinta, aquilo de que se era ao mesmo tempo ator e testemunha. Fanon declarou: "Quero a minha voz brutal, não a quero bela, não a quero pura, não a quero de todas as dimensões". Pelo contrário, ele a queria "rasgada de lado a lado, não quero que se divirta porque, enfim, falo do homem e da sua recusa, do apodrecimento quotidiano do homem, da sua pavorosa demissão".

Pois somente uma voz "rasgada de lado a lado" seria capaz de dar conta do caráter trágico, desolador e paradoxal da instituição médica no contexto colonial. Se a finalidade do ato médico é realmente aliviar a dor combatendo a enfermidade, como é possível fazer que o colonizado consiga discernir "numa confusão quase orgânica o médico, o engenheiro, o professor, o policial, o guarda rural?"[72] "Mas a guerra continua. E teremos de tratar por muitos anos ainda as feridas múltiplas e às vezes indeléveis deixadas em nossos povos pela derrota colonialista".[73]

Essas duas frases estabelecem, de início, uma relação de causalidade entre a colonização e as feridas. Elas sugerem também a extensão da dificuldade de curar de uma vez por todas as vítimas

72. F. Fanon, *L'An V de la révolution algérienne*, in Œuvres, op. cit., p. 355.
73. Id., *Les Damnés de la terre*, op. cit., p. 625 [*Os condenados da terra*, op. cit., p. 211].

da colonização. Essa dificuldade não está relacionada apenas ao tempo quase interminável que exige o esforço de cura. Na verdade, algumas chagas, fissuras e lesões, por conta de sua profundidade, nunca serão curadas; suas cicatrizes nunca serão apagadas; suas vítimas carregarão para sempre as suas marcas. Quanto à guerra colonial, ela é abordada aqui da perspectiva dos distúrbios mentais que gera tanto do lado dos agentes da potência ocupante quanto do lado da população autóctone.

É o caso desse jovem argelino de 26 anos de idade. À primeira vista, sofria de enxaquecas persistentes e de insônia, mas basicamente se tratava de uma questão de impotência sexual. Após escapar de um cerco, abandonou o táxi que utilizara inicialmente para transportar panfletos e líderes políticos, passando então a conduzir os comandos argelinos engajados na guerra de libertação. No táxi estavam dois carregadores de metralhadora. Tendo-se juntado ao maquis precocemente, não teve mais notícias de sua esposa e de sua filha de 20 meses, até o dia em que sua esposa fez chegar a ele uma mensagem pedindo que a esquecesse.

O pedido de esquecimento se devia ao fato de ela ter sido vítima de um duplo estupro, inicialmente por um primeiro soldado francês, sozinho; depois por um segundo, em plena vista de alguns outros que — seria este o termo? — testemunharam. Dupla desonra, portanto, o que levanta imediatamente o problema da vergonha e da culpa. Enquanto o cenário do primeiro estupro foi quase privado, num confronto face a face entre a mulher e seu algoz, o segundo teve ares de uma exibição pública. Nesse palco da vergonha, apenas um soldado esteve em cena, mas sob o olhar quase pornográfico de vários outros que vivenciaram o ensaio sob a forma de um gozo delegado. Pairava sobre o palco uma figura fisicamente ausente, mas cuja presença espectral convidava o soldado estuprador a redobrar sua fúria. Era o marido.

Violando sua esposa, era o falo dele que os soldados franceses alvejavam e tentavam castrar simbolicamente. Nesse conflito de homem para homem, a mulher serve, acima de tudo, como substituta e, subsidiariamente, como objeto de satisfação dos impulsos sádicos do oficial. Para ele, talvez nem se trate de uma questão de prazer. Trata-se, por um lado, de uma questão de humilhar profundamente a esposa (e, por meio dela, seu marido); de questionar irremediavelmente os respectivos sentimentos de orgulho e dignidade de ambos e a imagem que têm de si mesmos e de seu relacionamento. Por outro lado, trata-se de estabelecer, por meio do ato do estupro, algo como uma relação de ódio. O ódio é tudo menos uma relação de reconhecimento. É, acima de tudo, uma relação de execração. Um falo execrando outro falo: "Se tornar a ver o porco do seu marido, não esqueça de contar a ele o que a gente fez com você".[74] De resto, feita a injunção, a infeliz esposa a executa.

Ao pedir ao marido para esquecê-la, a esposa colocava o dedo no nojo e na humilhação que deve ter sentido. Seu ser íntimo e secreto fora revelado ao olhar do outro, desses desconhecidos, do ocupante. Seu desejo, seu pudor e seu prazer recôndito, assim como sua forma corporal, foram, se não profanados, pelo menos expostos, possuídos contra sua vontade, feridos e tornados vulgares. Ela nunca mais seria capaz de expô-los em sua inteireza.

E como tudo se passou diante de testemunhas, ou, em todo caso, de voyeurs, ela não pode mais, por si só, esconder o que quer que seja. Tudo o que ela pode fazer é confessar. E como ela dificilmente conseguirá apagar essa afronta, só lhe resta uma opção, pedir ao marido que a esqueça — puro efeito de ruptura. Tendo a mulher sido feita para o homem e não para o seu próprio

---

74. Ibid., p. 630 [Ibid., p. 217].

prazer, a ofensa à honra do homem é uma profanação que necessariamente se expia por meio de um sacrifício: a perda desse mesmo homem.

Quanto ao homem, ele é acometido pela impotência. Sua dignidade de marido foi violada. Não se baseia ela, afinal, no princípio do gozo exclusivo de sua esposa? Não se alimenta dessa exclusividade a sua potência fálica? Tendo sua esposa "sentido o gosto do francês", mesmo a contragosto, o vínculo de exclusividade foi rompido. Ela agora carrega consigo uma carne vivenciada como uma nódoa que não pode ser limpa, apagada ou expulsa. Ele saiu do episódio profundamente abalado. Esse trauma dali em diante passou a habitá-lo: "antes de cada tentativa sexual pensa na mulher". Sua esposa foi a moça com quem ele teve que se casar quando era outra a que ele amava, sua prima, que se casou, em virtude de arranjos familiares, com outro homem. Sua esposa foi a moça com quem ele acabou se casando porque seus pais assim propuseram. Sua esposa era gentil, mas ele não a amava de verdade.

O fato de ela ter sido estuprada o deixava irado. Sua raiva se voltava contra "esses safados".[75] Mas é possível que também se voltasse contra sua esposa. Aos poucos, a raiva foi sucedida pelo alívio: "Ah, isso não é grave; ela não foi assassinada. Poderá recomeçar sua vida".[76] Viver em desonra é melhor do que não viver. As coisas ficaram mais complicadas. Não era ele mesmo, no fim das contas, o responsável pelo estupro da sua própria esposa? Não havia ele mesmo testemunhado, nos aduares, estupros sádicos, não raro como mera consequência do ócio? E se sua esposa tiver sido estuprada por não querer "denunciar o marido"? E se o

---

75. Ibid., p. 631 [Ibid., p. 219].
76. Ibid. [Ibid.].

estupro tiver sido o resultado do desejo de sua esposa de "proteger a organização": "ela fora violada porque eles me procuravam. Realmente, foi para castigá-la pelo seu silêncio que a violaram".[77] Então é ele o responsável pelo estupro da sua própria esposa. Foi por causa dele que ela foi desonrada. Ser "desonrada" é estar "podre". E tudo o que emana do que está podre só pode estar podre, inclusive sua filha de 20 meses, cujo retrato ele sente vontade de rasgar antes de cada ato sexual. Aceitar de novo a sua esposa após a independência significa viver com a podridão pelo resto da sua vida. Porque, "uma coisa dessas, será que se pode esquecer?" Na verdade, ele jamais esquecerá que sua esposa foi estuprada. Da mesma forma, nunca haverá um momento em que ele não se fará esta pergunta: "era ela obrigada a me pôr a par de tudo isso?" Pois que não dissesse nada. Que carregasse sozinha o fardo da desonra, por mais que isso decorresse de um desejo de proteger o homem com quem se casou.

O segundo caso diz respeito às pulsões homicidas indiferenciadas de um sobrevivente da liquidação coletiva de um aduar em Constantinois. Viu, com seus próprios olhos, os mortos e feridos. Não era daqueles a quem a ideia da morte de um ser humano já não abalava. A forma humana, em sua morte, ainda era capaz de mexer com ele. Aqui, assim como no primeiro caso, o que está na origem é a recusa em trair. Ocorreu uma emboscada. Todos os moradores do aduar foram arrebanhados e interrogados. Ninguém respondeu. Sem obter resposta, um oficial deu a ordem para destruir o aduar, incendiar as casas, reunir o restante dos homens, conduzi-los para a beira de um uádi e massacrá-los. Vinte e nove homens foram alvejados à queima-roupa. O paciente em questão escapou com duas balas no corpo e um úmero fraturado.

Um sobrevivente, portanto. Mas um sobrevivente quase inválido, que não para de pedir um fuzil. Ele se recusa a "caminhar na

77. Ibid. [Ibid.].

frente de quem quer que seja. Não quer ninguém atrás de si. Uma noite, apodera-se da arma de um combatente e atira desajeitadamente nos soldados adormecidos".[78] Foi brutalmente desarmado. Tinha agora as mãos amarradas. Agitava-se e gritava. Queria matar todo o mundo, indiscriminadamente. Em um gesto mimético e repetitivo, queria realizar seu próprio pequeno massacre. Porque, "na vida, é preciso matar para não morrer", explicou. E, para poder matar, é preciso que a própria pessoa não tenha sido morta antes. Minha vida ou minha sobrevivência depende, portanto, do assassinato de outrem, especialmente daquele que suspeito ser um corpo externo e que, tendo-se disfarçado, tem agora a aparência do semelhante e do congênere:

> Há franceses entre nós. Eles se disfarçam de árabes. Temos de matá-los a todos. Me dê uma metralhadora. Todos esses pretensos argelinos são franceses... e não me deixam em paz. Sempre que eu quero dormir, eles entram no meu quarto. Mas agora já sei quem são. Todo o mundo quer me matar. Mas eu me defenderei. Matarei a todos sem exceção. Vou degolá-los um por um, e você também não escapa.[79]

O sobrevivente — ou o remanescente — é, assim, consumido por um violento desejo de assassinato. Desejo esse que ignora todas as distinções e atinge tanto o mundo das mulheres quanto o das crianças, o mundo das aves e o mundo dos animais domésticos:

> Vocês querem acabar comigo, mas terão de se arranjar de outro modo. Não me incomodo de liquidar com vocês. Os pequenos, os grandes, as mulheres, os meninos, os cachorros, os passarinhos, os jumentos... todo o mundo vai passar por isso... Depois, poderei dormir tranquilo...[80]

78. Ibid., p. 633 [Ibid., p. 221].
79. Ibid., p. 634 [Ibid., p. 222].
80. Ibid. [Ibid.].

Uma vez satisfeito o desejo de assassinato coletivo, o sobrevivente poderá finalmente desfrutar do sono a que aspira.

A vida em seu fim

Em seguida, há esse jovem soldado do Exército de Libertação Nacional, de 19 anos, que, ele sim, efetivamente matou uma mulher, cujo espectro não para de assombrá-lo. Fanon anota os detalhes do encontro. Diante dele está um paciente "sumamente deprimido, lábios secos, mãos permanentemente úmidas".[81] Ele está interessado em sua respiração, uma série de "suspiros incessantes" que lhe agitam constantemente o peito. Tendo o paciente já cometido um assassinato, não exprime nenhum desejo de cometer outro. Pelo contrário, foi contra a própria vida que ele atentou desta vez — tirar a própria vida, depois de ter tirado anteriormente a de outra pessoa. Da mesma forma como o sobrevivente mencionado mais acima, ele se via atormentado pela falta de sono.

Fanon observa seu olhar, a maneira como se fixa "durante alguns instantes num ponto do espaço, enquanto o rosto se anima, dando ao observador a impressão de que o doente assiste a um espetáculo".[82] Então se detém naquilo que diz:

> o doente fala de seu sangue derramado, de suas artérias que se esvaziam, de seu coração que para de funcionar. Suplica que suspendamos a hemorragia, que não deixemos que venham "vampirizá-lo" até no hospital. De vez em quando, não conseguindo falar, pede um lápis. Escreve: "Não tenho mais voz, toda a minha vida está no fim".[83]

---

81. Ibid. [Ibid., p. 223].
82. Ibid., p. 635 [Ibid.].
83. Ibid. [Ibid.].

O paciente ainda é dotado de um corpo. Mas esse corpo e tudo o que ele carrega estão sitiados por forças ativas que minam suas energias vitais. Consumido por um sofrimento intolerável, esse corpo à deriva já não é um signo. Ou, se ainda retiver as marcas de signo, trata-se de um signo que já não simboliza mais nada. O que deveria ter ficado contido nele agora escapa, derrama e se dispersa. O corpo do sujeito sofredor não é mais uma morada. Se continuar sendo morada, dificilmente será inviolável. Não é mais capaz de preservar nada. Seus órgãos se relaxam e suas substâncias se põem em fuga. Dali em diante, ele só poderá se exprimir sob o signo do vácuo ou do silêncio — o medo do colapso, a dificuldade de voltar a habitar a linguagem, de voltar a falar, de fazer-se voz e, consequentemente, vida. O sujeito sofredor compreendeu isso perfeitamente. Foi sem dúvida por isso que, em duas ocasiões, tentou se suicidar, tentou se encarregar ele mesmo da sua morte, tentou se apropriar dela como se se tratasse de uma auto-oferenda.

    Por trás do sentimento de expropriação corporal, jaz uma história de assassinato. O contexto é o de uma guerra colonial. Como as outras formas de guerra, a guerra colonial se assenta em uma economia fúnebre: dar a morte e receber a morte. Homens, mulheres e crianças, gado, aves, plantas, animais, montanhas, colinas e vales, rios e riachos — todo um mundo foi colocado numa tal situação atmosférica que todos eles viram de perto a morte. Eles estavam presentes no momento em que ela foi dispensada aos outros. Eles foram testemunhas do assassinato de pessoas presumidamente inocentes. Em resposta, eles se alistaram na luta.

    Uma das funções da luta é converter a economia do ódio e o desejo de vingança em uma economia política. O propósito da luta de libertação não é erradicar a pulsão homicida, o desejo de matar ou a sede de vingança, mas submeter essa pulsão, esse desejo e essa sede ao controle de um superego de natureza política, qual seja, o advento de uma nação. A luta consiste em canalizar essa energia (a vontade de matar), sem o que não passa de ensaio estéril. O gesto de matar, o corpo que se mata (o do inimigo) ou o corpo ao qual é infligida a morte (o do combatente ou mártir) deve ser capaz de encontrar um lugar na ordem desse significante. A pulsão de matar não deve mais se ancorar na força primitiva dos instintos. Transformada em energética da luta política, ela agora precisa ser simbolicamente estruturada.

No caso que nos ocupa aqui, o do homem assombrado pelo vampiro e ameaçado de perder seu sangue, sua voz e sua vida, essa configuração é instável. Sua mãe tinha sido "morta à queima-roupa por um soldado francês". Duas de suas irmãs tinham sido "levadas pelos militares" e ele nada sabe sobre o foi feito delas, ou então a que tratamento foram submetidas, em um contexto em que interrogatório, torturas e, possivelmente, detenções e estupros são comuns. Como seu pai tinha "morrido há vários anos", ele era o "único homem" de sua família e sua "única ambição" era melhorar a existência de sua mãe e de suas irmãs.

O drama da luta atinge seu ponto de combustão assim que uma trama individual se articula, em um dado momento, com um traçado político. A partir daí, fica difícil desembaraçar os fios. Tudo se torna indistinto, como bem indica o relato a seguir. Um colono intensamente engajado contra o movimento de libertação matou dois civis argelinos. Uma operação foi montada contra ele. Foi realizada durante a noite. "Em casa só estava sua mulher. Logo que nos viu, ela se pôs a suplicar que não a matássemos [...] Foi decidido que aguardaríamos a volta do marido. Mas eu fitava a mulher e pensava em minha mãe. A mulher, sentada numa poltrona, parecia ausente [aos seus olhos, ela já não estava lá]. Eu me perguntava por que a gente não a matava".[84] Por que a matar? Ela já não havia, de antemão, em sua súplica, claramente dado a entender que diversas vezes pedira ao marido que não se metesse em política? E, em sua segunda súplica, não veio implorar por sua vida em nome de seus filhos? ("Eu lhe suplico... não me mate... Tenho filhos.") Mas nem o argumento da responsabilidade nem o argumento humanitário conseguiram abalar seu interlocutor, que, de resto, já nem demonstrava reação.

Fanon nunca deixou de enfatizar em suas obras um dos principais aspectos das relações entre senhores e súditos na colônia, a saber, sua pobreza de mundo. Desse ponto de vista, a vida no mundo colonial poderia ser assimilada à vida animal. O elo que os senhores coloniais e seus súditos mantinham nunca conduziu a uma comunidade afetiva viva. Nunca acarretou a criação de um lar comum. O senhor colonial quase nunca se deixava *tocar* pelas palavras de seu súdito.

A pobreza da relação que o senhor mantém com o nativo (seu *súdito* do ponto de vista jurídico-legal, ao mesmo tempo que sua *coisa* do ponto de vista racial e ontológico) é reproduzida aqui, mas em sentido inverso. Na ausência do marido, o círculo se fechou sobre sua mulher, que agora se via confrontada com a força pulsional daquele que logo se tornará seu assassino: "Um instante depois estava morta". Mal concluíra a súplica. A despeito do apelo final a uma certa humanidade e compaixão, a sentimentos supostamente compartilhados por todos. Sem detonação. Sem distância tampouco. O jogo íntimo da proximidade, quase num corpo a corpo, em circuito fechado, a relação de um objeto com outro: "Matei-a com minha faca".

Mas quem ele acabou de matar? Essa mulher que implora que lhe poupem a vida e que, no fim das contas, a perde? Ou essa mulher que, no fundo, é apenas a efígie de outra, o espelho

---

84. Ibid., p. 636 [Ibid., pp. 223-224]. (As citações a seguir provêm do mesmo trecho).

de sua mãe, em quem ele pensa no exato momento em que olha para sua possível vítima: "Mas eu fitava a mulher e pensava em minha mãe". Recapitulemos, parafraseando. "Ela se pôs a suplicar que não a matássemos. Um instante depois estava morta. Matei-a com minha faca. Fui desarmado. Alguns dias mais tarde fui interrogado. Imaginei que ia ser condenado à morte, mas não me incomodei". Seria de se esperar que tudo terminasse por aí. Alguém derramou o sangue de sua mãe. Um soldado francês, o nome genérico de um inimigo sem rosto próprio, com múltiplas faces. A esse sangue que clama por vingança, ele responde derramando o de outra mulher que, por sua vez, não derramou o sangue de ninguém, mas que se encontra de maneira indireta envolvida no círculo infernal da guerra à sua revelia, por causa do marido, que, por sua vez, é efetivamente responsável pelo assassinato de dois argelinos, que escapa da retaliação, mas ainda assim perde a esposa. A perda de uma mãe tanto de um lado quanto do outro e, para o homem ausente no momento do assassinato, a perda de uma esposa. Órfãos de ambos os lados e, do lado do homem ausente, mas a quem a morte estava destinada originalmente, um viúvo. As mulheres não somente pagam o preço por atos cometidos por homens. Elas representam a moeda de troca dessa economia funerária.

Por causa dessa superpresença da mulher, seja como mãe, esposa ou irmã, não é mais possível saber com total clareza a quem a morte é dada exatamente. Quem se pretendia que fosse o destinatário? Como ter a certeza de que, ao estripar a mulher, não é a própria mãe que se está matando? Não será o vampiro que ameaça drenar nosso corpo de todo o seu sangue o símbolo da hemorragia interminável, não será ele, no fundo, o nome dessa dupla estripação, uma espectral (a da minha mãe) e a outro real (a da esposa do meu inimigo)? O clamor de todas essas mulheres que "têm um buraco aberto no ventre"; os apelos de todas essas mulheres "exangues, pálidas e assombrosamente magras" que imploram para serem poupadas da morte, se não para serem protegidas — não é isso que agora enche de pavor o assassino, impedindo-o de dormir e obrigando-o a vomitar depois das refeições? Não é por isso que, chegada a noite, logo que se deita, o quarto "fica cheio de mulheres", todas iguais, exigindo que lhes seja restituído o seu sangue derramado?

"Nesse momento", observa Fanon,

> um rumor de água corrente enche o quarto, amplia-se até evocar o estrondo de uma cachoeira, e o doente vê o soalho embeber-se de sangue, seu sangue, enquanto as mulheres se tornam cada vez mais rosadas e a ferida começa a fechar-se. Banhado de suor e tremendamente angustiado, o enfermo doente desperta e permanece agitado até ao amanhecer.

_CAPÍTULO 4

ESTE MEIO-DIA ABRASADOR

Quando Fanon morreu, tinha os olhos fixos na África, ou, mais precisamente, no que ele chamava de "esta África futura". Nascido na Martinica e tendo passado pela França, vinculou seu destino ao da Argélia. Foi pela via da Argélia que ele finalmente completou, como se o fizesse pelo avesso, o périplo do Triângulo. "Participar no movimento ordenado de um continente, foi esse, em última análise, o trabalho que escolhi", disse ele.[1] A África que descobriu na sequência da descolonização era uma teia de contradições. O Congo estava estagnado. As grandes "cidadelas colonialistas" da África Austral (Angola, Moçambique, África do Sul, Rodésia) ainda se mantinham em seu lugar. O espectro do Ocidente pairava por todo a parte. As novas burguesias nacionais já trilhavam o caminho da predação. E se escutarmos "com o ouvido colado ao solo vermelho, ouvimos muito nitidamente ruídos de cadeias enferrujadas, murmúrios de infelicidade, e deixamos cair os ombros, tão presente está sempre a carne ferida neste meio-dia abrasador".[2] Romper as amarras, abrir novas frentes, colocar a África em movimento e dar à luz um novo mundo, tal era, todavia, o projeto. Esse novo mundo é indissociável do advento de um novo homem. Trabalho árduo? "Felizmente, em cada canto há braços que nos acenam, vozes que nos respondem e mãos que nos agarram."[3]

1. F. Fanon, "Cette Afrique à venir", in *Pour la révolution africaine*, op. cit., p. 860 ["Esta África futura", in *Em defesa da Revolução Africana*, op. cit., p. 214].
2. Ibid., p. 861 [Ibid., p. 215].
3. Ibid., p. 860 [Ibid.].

Iniciada essencialmente em meados do século XVIII, a reflexão africana e diaspórica moderna sobre a possibilidade de um "novo mundo" foi em grande medida realizada no quadro do pensamento humanista que prevaleceu no Ocidente ao longo dos últimos três séculos. O fato de que muitos dos primeiros escritos afro-americanos incluem uma série de autobiografias é, dessa perspectiva, revelador.[4] Dizer "eu" não é afinal a primeira palavra de toda fala por meio da qual o ser humano busca se fazer a si mesmo existir enquanto tal?

É significativo, por outro lado, o lugar que o discurso religioso ocupa na narração e na interpretação da história por eles contada. Nas condições de terror, empobrecimento e morte social do que foi a escravidão, o recurso ao discurso teológico, por parte de uma comunidade aviltada e maculada com o estigma da imundície, para exprimir a si mesma e ao próprio passado, deve ser entendido como uma tentativa de reivindicar uma identidade moral.[5] Desde então, por sucessivas ramificações, essa reflexão prosseguiu se questionando a respeito das condições para a formação de um mundo propriamente humano, que o próprio sujeito se propiciaria, a partir de um ideal do qual a vida obteria sua resiliência.[6]

---

4. William L. Andrews, *To Tell a Free Story. The First Century of African American Autobiography, 1760-1865*. Urbana: University of Illinois Press, 1986.
5. John Ernest, *Liberation Historiography. African American Writers and the Challenge of History, 1794-1861*. Chapel Hill: University of North Carolina Press, 2004.
6. Ver, nessa perspectiva, Alexander Crummell, *Destiny and Race. Selected Writings, 1840-1898*. Amherst: The University of Massachusetts Press, 1992; Edward W. Blyden, *Christianity, Islam and the Negro Race*. Baltimore: Black Classic Press, 1978 [1887]. Cf. também Léopold Sédar Senghor, *Liberté I. Négritude et humanisme*. Paris: Seuil, 1964; Paul Gilroy, *Against Race. Imagining Political Culture Beyond the Color Line*. Cambridge: Harvard University Press, 1998; Fabien Eboussi-Boulaga, *La Crise du Muntu. Authenticité africaine et philosophie*. Paris: Présence africaine, 1981.

Impasses do humanismo

Esse esforço de autoexplicação e autocompreensão acabaria por ressaltar duas coisas. Primeiramente — e nunca é demais lembrar disso —, a história dos negros não é uma história à parte. Ela é parte integrante da história do mundo, da qual os negros são tão herdeiros quanto o restante da espécie humana.[7] Aliás, se, por um lado, retraçar o encadeamento das suas origens remotas quase inevitavelmente leva à África, sua passagem pelo mundo, por outro lado, deu-se na chave do deslocamento, da circulação e da dispersão.[8] Como o movimento e a mobilidade foram fatores estruturantes de sua experiência histórica, hoje estão espalhados pela superfície da Terra. Em vista disso, não existe passado do mundo (ou de uma região do mundo) que não precise dar conta simultaneamente do passado dos negros, assim como não existe passado dos negros que não precise dar conta da história do mundo como um todo.

Assim, os negros fazem parte do passado do Ocidente, mesmo que a sua presença na consciência que esse tem de si mesmo seja frequentemente assumida apenas na forma de assombração, negação e supressão.[9] Em se tratando da América, James Baldwin afirma quanto a isso que os negros não são estranhos à história do Novo Mundo, que ajudaram a moldar e que acompanharam ao longo do seu curso. São seus sujeitos constitutivos, mesmo que, no negro, essa figura do externo absoluto, o Novo Mundo não reconheça propriamente algo "seu".[10] Baseando-se no trabalho de

7. F. Fanon, Œuvres, op. cit.
8. Sobre a margem atlântica, ver John Thornton, *Africa and Africans in the Making of the Atlantic World, 1400-1680*. Cambridge: Cambridge University Press, 1992.
9. Ralph Ellison, *Invisible Man*. Nova York: Random House, 1952 [Ed. bras.: *Homem invisível*, trad. de Mauro Gama. Rio de Janeiro: José Olympio, 2013].
10. James Baldwin, *The Fire Next Time*. Nova York: Vintage Books, 1963 [Ed. bras.: *Da próxima vez, o fogo: racismo nos EUA*, trad. de Christiano Monteiro Oiticica. Biblioteca Universal Popular: Rio de Janeiro, 1967].

muitos historiadores, Paul Gilroy, por sua vez, enfatiza o envolvimento deles no surgimento do mundo moderno, que acabava de se estruturar ao redor do Atlântico no início do século XVIII.[11] Ombro a ombro com outros refugos de humanidade (expropriados do cercamento das comunas, camponeses e criminosos deportados, marujos apinhados a bordo das marinhas mercantes e militares, réprobos de seitas religiosas radicais, piratas e bucaneiros, rebeldes e desertores de todas as alcunhas), eram encontrados ao longo das novas rotas comerciais, nos portos, nos navios, em qualquer lugar em que fosse preciso fazer as florestas recuarem, produzir tabaco, cultivar algodão, cortar cana-de-açúcar, fabricar rum, transportar lingotes, peles, peixes, açúcar e outros bens manufaturados.[12]

Verdadeiros "fornalheiros" da modernidade, os escravos africanos, em conjunção com uma multidão de outros anônimos, estavam no âmago das forças quase cósmicas liberadas pela expansão colonial europeia no início do século XVII e pela industrialização das metrópoles atlânticas no início do século XIX.[13] Se a sua inscrição no curso moderno da história humana esteve envolta num véu de anonimato e supressão, ainda assim preservou uma tripla dimensão global, heteróclita e poliglota, que marcaria profundamente suas produções culturais.[14]

11. P. Gilroy, L'Atlantique noir, op. cit. [O Atlântico negro, op. cit.].
12. Ver, por exemplo, S. Mintz, op. cit.; Seymour Shapiro, *Capital and the Cotton Industry in the Industrial Revolution*. Ithaca: Cornell University Press, 1967; John Hebron Moore, *The Emergence of the Cotton Kingdom in the Old Southwest. Mississipi, 1770-1860*. Baton Rouge: University of Louisiana Press, 1988.
13. Peter Linebaugh e Markus Rediker, *L'Hydre aux mille têtes. L'histoire cachée de l'Atlantique révolutionnaire*. Paris: Éditions Amsterdam, 2009 [Ed. amer.: *The Many-Headed Hydra: Sailors, Slaves, Commoners, and the Hidden History of the Revolutionary Atlantic*. Boston: Beacon Press, 2000; ed. bras.: *A hidra de muitas cabeças: marinheiros, escravos, plebeus e a história oculta do Atlântico revolucionário*, trad. de Berilo Vargas. São Paulo: Companhia das Letras, 2008].
14. Ver Peter Mark, "*Portuguese*" *Style and Luso-African Identity. Precolonial Senegambia, Sixteenth-Nineteenth-Centuries*. Bloomington: Indiana University Press, 2002; J. Lorand

Ao mesmo tempo que a dimensão planetária do fato negro é mais ou menos aceita, levantar a "questão negra" no quadro e nos termos do pensamento humanista ocidental continua a ser alvo de inúmeras críticas — algumas internas, outras externas. Seja para Césaire ou para Fanon, a crítica interna tende a enfatizar a pulsão de morte e o desejo de destruir que operam até o cerne do projeto humanista ocidental, especialmente quando esse se vê envolvido nos meandros da paixão colonialista e racista.[15] De modo geral, tanto para eles quanto para Senghor ou Glissant, a questão jamais será repudiar, de uma vez por todas, a ideia do "ser humano" enquanto tal. Com frequência, é uma questão de enfatizar os impasses do discurso ocidental sobre o "ser humano", com o objetivo de corrigi-lo.[16] O propósito consiste, pois, ou em insistir no fato de que o ser humano é menos um nome que uma práxis e um devir (Wynter);[17] ou em invocar uma nova humanidade, mais "global" (Gilroy), uma poética da Terra e um mundo feito da carne de Todos (Glissant) e em cujo seio cada sujeito humano possa voltar a ser o portador da sua palavra, do seu nome, das suas ações e do seu desejo.

A crítica externa, por sua vez, apresenta-se em duas versões. A primeira, afrocentrista, visa desmistificar as pretensões universalistas do humanismo ocidental e lançar as bases de um conhecimento capaz de extrair suas categorias e conceitos da própria

Matory, *Black Atlantic Religion. Tradition, Transnationalism, and Matriarchy in the Afro-Brazilian Candomble*. Princeton: Princeton University Press, 2005; e David Northrup, *Africa's Discovery of Europe, 1450-1850*. Oxford: Oxford University Press, 2009.
15. A. Césaire, *Discours sur le colonialisme*, op. cit. [*Discurso sobre o colonialismo*, op. cit.].
16. Ver, dessa perspectiva, L. S. Senghor, op. cit.; Édouard Glissant, *Traité du Tout-Monde*. Paris: Gallimard, 1997 [ed. Bras.: *Tratado do Todo-Mundo*, trad. de Sebastião Nascimento. São Paulo: n-1 edições (no prelo)]; e P. Gilroy, *Against Race*, op. cit.
17. David Scott, "The reenchantment of humanism. An interview of Sylvia Wynter", *Small Axe*, n. 8, setembro de 2000, pp. 119-207; e Sylvia Wynter, "Human being as noun? Or Being Human as praxis? Towards the autopoetic turn/overturn. A manifesto", 25 ago. 2007. Disponível em: *http://fr.slideshare.net*.

história da África. Nessa perspectiva, a noção de humanismo, em última análise, não representaria nada além de uma estrutura de apagamento da profundidade histórica e da originalidade negra. Sua função seria arrogar-se o poder de relatar e definir, no lugar dos outros, de onde eles vêm, aquilo que são e para onde devem ir. O humanismo seria um mito que não quer dizer seu nome.[18] Como mitologia, seria perfeitamente indiferente à falsidade de seus próprios conteúdos. Daí o desejo, como no caso de Cheikh Anta Diop, por exemplo, de contrapor as mitologias europeias a outras supostamente mais verídicas e capazes de abrir caminho para outras genealogias do mundo.[19] Mas, se o afrocentrismo formula a questão do humanismo a partir da possível dívida civilizacional que o mundo teria em relação à África, essa corrente preconiza nada menos que aquilo que Diop chama de "progresso geral da humanidade", o "triunfo da noção de espécie humana" e o "florescimento de uma era de entendimento universal".[20]

O Outro do ser humano e as genealogias do objeto

A segunda objeção — a que terá nossa atenção em particular — emana da chamada corrente afrofuturista. O afrofuturismo é um movimento literário, estético e cultural que surgiu na diáspora ao longo da segunda metade do século XX. Combina ficção científica, reflexões sobre a tecnologia em suas relações com as culturas negras, realismo mágico e cosmologias não europeias, no afã de interpelar o passado dos povos ditos de cor e sua situação no presente.[21] Presente esse que, de saída, rejeita o postulado

18. Cheikh Anta Diop, *Nations nègres et culture*. Paris: Présence africaine, 1954.
19. Id., *Antériorité des civilisations nègres. Mythe ou vérité historique?* Paris: Présence africaine, 1967.
20. Ibid.; cf. também Cheikh Anta Diop, *Civilisation ou Barbarie*. Paris: Présence africaine, 1981.
21. Ver, por exemplo, a fantástica produção de Samuel R. Delany e Octavia Butler. Ver também os quadros de Jean-Michel Basquiat, as fotografias de Renée Cox e escutar as tra-

humanista, na medida em que o humanismo só pode se constituir pela via da relegação de qualquer outro sujeito ou entidade (viva ou inerte) ao estatuto mecânico de um objeto ou de um acidente. O afrofuturismo não se contenta em denunciar as ilusões do "propriamente humano". Aos seus olhos, é a ideia de espécie humana que é colocada em xeque pela experiência negra. Produto de uma história de predação, o negro é efetivamente o ser humano que foi obrigado a se recobrir com as roupas da coisa e a compartilhar o destino do objeto e da ferramenta. Ao fazê-lo, seria ele a carregar dentro de si o túmulo do ser humano. Seria ele o fantasma a assombrar o delírio humanista ocidental. O humanismo ocidental seria, assim, uma espécie de sepulcro assombrado pelo fantasma daquele que foi forçado a compartilhar o destino do objeto.

A partir dessa releitura, a corrente afrofuturista declara que o humanismo se teria tornado uma categoria obsoleta. Se quisermos dar um nome adequado à condição contemporânea, sugerem seus porta-vozes, será necessário fazê-lo a partir de todos os conjuntos de *objetos-humanos* e de *humanos-objetos*, dos quais o negro tem sido, desde o advento dos tempos modernos, o protótipo ou a prefiguração.[22] Pois, desde a irrupção dos negros no cenário do mundo moderno, já não há nenhum "humano" que de saída não comungue do "não humano", do "mais que humano", do "além do humano" ou do "fora do humano".

Em outras palavras, do humano só seria possível falar no futuro e sempre acoplado ao objeto, doravante seu duplo, ou então seu sarcófago. O negro seria a prefiguração desse futuro, na medida em que remete, em virtude de sua história, à ideia de um

duções musicais de mitos extraterrestres nas produções de ParliamentFunkadelic, Jonzun Crew e Sun Ra. Para uma introdução geral, ver Alondra Nelson (ed.), "Afrofuturism. A special issue", *Social Text*, n. 71, 2002.
22. Kodwo Eshun, *More Brilliant Than the Sun. Adventures in Sonic Fiction*. Londres: Quartet Books, 1999.

potencial quase infinito de transformação e plasticidade.²³ Apoiando-se na literatura fantástica, na ficção científica, na tecnologia, na música e nas artes performáticas, o afrofuturismo tenta recriar essa experiência negra do mundo em termos de metamorfoses mais ou menos contínuas, de inversões múltiplas, de plasticidade, inclusive anatômica, de corporalidade, se necessário maquinal.²⁴ A Terra não poderia ser a única morada dessa forma futura de vida, da qual o negro é a prefiguração. No fundo, a Terra, na sua configuração histórica, não passaria de uma vasta prisão para esse homem-metal, esse homem-dinheiro, esse homem-madeira e esse homem-líquido, fadado a uma infinita transfiguração. Recipiente a um só tempo metamórfico e plástico, sua morada só poderia ser, em última instância, o universo inteiro. A condição terrestre seria, assim, substituída pela *condição cósmica*, o cenário da reconciliação entre o humano, o animal, o vegetal, o orgânico, o mineral e todas as outras forças vivas, sejam elas solares, noturnas ou astrais.

Pode até surpreender o repúdio afrofuturista à ideia de "homem" oriunda da modernidade. Ela não acaba por reforçar, no fim das contas, as tradições de pensamento que floresceram com base na flagrante negação da humanidade negra? Isso equivaleria a esquecer que, desde o advento dos tempos modernos, somos habitados pelo sonho de nos tornarmos senhores e donos de nós mesmos e da natureza. Para conseguir isso, precisávamos conhecer a nós mesmos, a natureza e o mundo. A partir do final

---

23. Ver os trabalhos de autores tão diversos quanto Alexander Weheliye, *Phonographies. Grooves in Sonic Afro-modernity*. Durham: Duke University Press, 2005; Fred Moten, *In the Break. The Aesthetics of the Black Radical Tradition*. Minneapolis: University of Minnesota Press, 2003; K. Eshun, op. cit.
24. Ver especialmente A. Nelson, op. cit.; Ytasha L. Womack, *Afrofuturism. The World of Black Science Fiction and Fantasy Culture*. Chicago: Chicago Review Press, 2013; Bill Campbell & Edward Austin Hall, *Mothership. Tales from Afrofuturism and Beyond*. Greenbelt: Rosarium Publishing, 2013; Sheree R. Thomas, *Dark Matter. A Century of Speculative Fiction from the African Diaspora*. Nova York: Warner Books, 2000.

do século XVII, passamos a considerar que, para bem conhecer a nós mesmos, a natureza e o mundo, era necessário unificar a integralidade dos campos do conhecimento e desenvolver uma ciência da ordem, do cálculo e da medição que permitisse traduzir os processos naturais e sociais em fórmulas aritméticas.[25] Tendo a álgebra se tornado o meio pelo qual foram modeladas a natureza e a vida, impôs-se gradualmente uma modalidade de conhecimento que consistia essencialmente em tornar o mundo plano, ou seja, em homogeneizar o conjunto dos seres vivos, em tornar seus objetos intercambiáveis e manipuláveis à vontade.[26] Aplanar o mundo foi, portanto, por muitos séculos, o movimento que governou uma boa parte do saber e do conhecimento modernos.

Esse movimento de aplanamento acompanhou, em graus variados e com consequências incalculáveis, o outro processo histórico típico dos tempos modernos, qual seja, a constituição dos espaços-mundos sob a égide do capitalismo. A partir do século XV, o Hemisfério Ocidental atuou como a força motriz privilegiada dessa nova aventura planetária, impulsionada pelo sistema mercantilista escravagista. Com base no comércio triangular, todo o mundo atlântico foi reestruturado; os grandes impérios coloniais das Américas foram criados ou consolidados e teve início uma nova era da história humana.

Duas figuras emblemáticas marcam esse novo ciclo histórico: primeiro, a figura sombria, a do escravo negro (durante o período mercantilista que chamamos de "primeiro capitalismo"); e, depois, a figura solar e incandescente do trabalhador e, por extensão, do proletariado (durante a fase industrial, cujo nascimento

---

25. Ver Earl Gammon, "Nature as Adversary. The Rise of Modern Conceptions of Nature in Economic Thought", *Economy & Society*, v. 38, n. 2, 2010, pp. 218-246.
26. Marie-Noelle Bourguet & Christophe Bonneuil, "De l'inventaire du globe à la 'mise en valeur' du monde: botanique et colonisation (fin XVIIIe siècle, début XXe siècle)", *Revue française d'histoire d'Outre-mer*, v. 86, n. 322-323, 1999.

deve ser situado entre 1750 e 1820). Mal estamos começando a dar conta dos metabolismos ecológicos (matéria, energia) envolvidos na "caça humana", sem os quais o tráfico atlântico de escravos teria sido impossível.[27] Mais especificamente, os escravos são produto de uma dinâmica de predação no seio de uma economia em que a formação dos lucros numa das margens do Atlântico dependia estreitamente de um sistema que combinava razias, guerras de captura e diversas formas de "caça humana" na outra.[28] Na era do tráfico de escravos, o capitalismo operava com base na extração e no consumo do que se poderia chamar de um bioestoque a um só tempo humano e vegetal.

Os distúrbios ecológicos acarretados pela vasta drenagem humana e seu cortejo de violências não foram, até o momento, objeto de qualquer estudo sistemático. No entanto, as plantações do Novo Mundo dificilmente poderiam ter funcionado sem a utilização em massa dos "sóis ambulantes" que eram os escravos africanos. Mesmo após a Revolução Industrial, esses verdadeiros fósseis humanos continuaram a servir de carvão para a produção da energia e do dinamismo necessários para a transformação econômica do Sistema Terra.[29] Essas depredações multiformes obviamente exigiam a mobilização e o dispêndio de enormes quantidades de capital. Em troca, os proprietários de escravos conseguiam extrair deles trabalho a um custo relativamente baixo, já que se tratava de um labor não remunerado. Também conseguiam, oca-

---

27. Para o período colonial, ver, por exemplo, Richard H. Grove, *Green Imperialism. Colonial Expansion, Tropical Islands and the Origins of Environmentalism, 1660-1860*. Cambridge: Cambridge University Press, 1995.
28. Ver Randy J. Sparks, *Where the Negroes Are Masters. An African Port in the Era of the Slave Trade*. Cambridge: Harvard University Press, 2014.
29. Richard H. Steckel, "A Peculiar Population. The Nutrition, Health, and Mortality of U.S. Slaves from Childhood to Maturity", *Journal of Economic History*, v. 46, n. 3, 1986, pp. 721-741.

sionalmente, revendê-los a terceiros. O caráter cessível e transferível do escravo fazia dele um bem privado passível de valoração monetária ou de troca mercantil.[30] Os mundos dos escravos no seio da economia atlântica se caracterizavam, porém, por incontáveis paradoxos. Por um lado, por mais que fossem úteis no processo de captação dos ganhos, os escravos, em virtude de sua degradação, estavam sujeitos a uma profunda desvalorização simbólica e social. Forçados a partilhar o destino do objeto, eles permaneciam sendo, no entanto, seres humanos fundiários. Tinham um corpo. Respiravam. Andavam. Falavam, cantavam e rezavam. Alguns aprendiam, não raro em segredo, a ler e escrever.[31] Adoeciam e, por meio de práticas curativas, lutavam para refundar, a despeito das forças de fragmentação, uma comunidade de cura.[32] Experimentavam a perda, a dor e a tristeza. Revoltavam-se quando não aguentavam mais, e a insurreição dos escravos era motivo do mais absoluto terror para seus senhores.

De resto, apesar de profundamente maculados e estigmatizados, esses seres humanos fundiários representavam reservas de valor aos olhos de seus proprietários. Assim como o dinheiro ou as mercadorias, eles serviam de meio às mais variadas transações econômicas e sociais. Objetos móveis e matéria alargada, eles tinham o status daquilo que circula, que se investe e que se gasta.[33]

30. Michael Tadman, *Speculators and Slaves. Masters, Traders, and Slaves in the Old South*. Madison: University of Wisconsin Press, 1989; Laurence J. Kotlikoff, "Quantitative Description of the New Orleans Slave Market", in William Fogel & Stanley L. Engerman (eds.), *Without Consent or Contract. The Rise and Fall of American Slavery*. Nova York: W.W. Norton & Co., 1989; em seguida, Maurie McInnis, *Slaves Waiting for Sale. Abolitionist Art and the American Slave Trade*. Chicago: Chicago University Press, 2011.
31. Christopher Hager, *Word by Word. Emancipation and the Act of Writing*. Cambridge: Harvard University Press, 2013.
32. Sharla M. Fett, *Working Cures. Healing, Health, and Power on Southern Slave Plantations*. Chapel Hill: University of North Carolina Press, 2002.
33. Edward E. Baptist, *The Half Has Never Been Told. Slavery and the Making of American Capitalism*. Nova York: Basic Books, 2014.

Desse ponto de vista, os mundos escravagistas eram mundos em que a produção material se efetivava por meio da carne viva e do suor cotidiano. Essa carne viva tinha um valor econômico, que podia, conforme o caso, ser medido e quantificado.[34] Um preço podia ser atribuído a ela. A matéria produzida pelo suor do rosto dos escravos também tinha um valor ativo, na medida em que o escravo transformava a natureza; convertia a energia em matéria; e era ele mesmo a um só tempo figura material e energética. Desse ponto de vista, os escravos eram mais do que meros bens naturais que o senhor usava e dos quais fruía, dos quais obtinha os rendimentos ou que podia revender sem restrições no mercado. Ao mesmo tempo, o que os distinguia de todos os outros era a sua alienabilidade fundiária. É no *princípio racial* que devemos buscar o que justificava essa alienabilidade fundiária.[35]

O mundo zero

Por outro lado, a vida sob o signo da raça sempre foi como o equivalente de uma vida em um zoológico. Na prática, há dois ou três processos que formam a base da constituição de um zoológico. O primeiro é o rapto, a captura e o enjaulamento dos animais, subtraídos de seu habitat natural por humanos que, tendo-os dominado, não os matam, mas os confinam em uma ampla área delimitada e, se necessário, subdividida em vários miniecossistemas. Nesse espaço de confinamento, os animais são privados de uma parcela importante dos recursos que conferiam à sua vida suas qualidades naturais e sua fluidez. Eles já não podem circular livremente. Para se alimentarem, agora dependem integralmente daqueles que são responsáveis pela sua manutenção cotidiana.

34. Caroline Oudin-Bastide & Philippe Steiner, *Calcul et morale. Coûts de l'esclavage et valeur de l'émancipation* (xviiie-xixe siècle). Paris: Albin Michel, 2014.
35. A. Mbembe, *Critique de la raison nègre*, op. cit. [*Crítica da razão negra*, op. cit.].

Em segundo lugar, os animais que desse modo são colocados em cativeiro ficam sujeitos a uma interdição implícita. Eles só podem ser mortos em circunstâncias excepcionais e quase nunca para fins de consumo direto. Seu corpo perde assim os atributos da carne enquanto comida. Mas nem por isso é transformado em pura carne humana. Em terceiro lugar, os animais em cativeiro não estão sujeitos a um regime rigoroso de domesticação. Um leão no zoológico não é tratado como um gato. Ele não compartilha a intimidade dos humanos. Estando o zoológico fora da esfera doméstica, a distância entre humanos e animais é mantida. É essa distância que permite a exibição. Na verdade, a exibição só faz sentido na separação que existe entre o espectador e o objeto exposto. De resto, o animal vive num estado de suspensão. Dali em diante, ele já não é nem isto nem aquilo.

Os negros expostos em zoológicos humanos no Ocidente ao longo da história não eram animais nem objetos. Durante o período de exibição, sua humanidade era suspensa. Essa *vida em suspensão* entre o animal e o seu mundo, entre o mundo dos homens e o mundo dos objetos ainda é, em muitos aspectos, a lei do nosso tempo, a da economia. Mas pode ser que a economia — toda economia — se resuma finalmente a estes dois gestos, a caça e a coleta, e que, apesar das aparências, nunca realmente deixamos isso para trás.

Na economia antiga, a caça e a coleta não eram apenas duas categorias de atividades cujo objetivo era satisfazer as necessidades dos seres humanos. Eram também duas formas de se relacionar consigo mesmo e com os outros, e depois com a natureza, com os objetos e com outras espécies, vivas ou não. No mesmo sentido, em particular, a relação com os mundos animal e vegetal, que eram percebidos como entidades externas, sujeitos à vontade dos homens e que eram apropriados na medida de sua disponibilidade. Lidava-se com eles se preciso fosse, mas não se hesitava em lutar contra eles em caso de necessidade, mesmo que, de quebra, isso implicasse destruí-los pura e simplesmente. A destruição não acontecia de uma só vez. Era uma cadeia de múltiplos estágios. No caso dos animais presos em armadilhas ou abatidos durante a caçada, o desmembramento era feito logo após a captura. Essa operação era necessária para a transformação do animal em carne, que era consumida crua ou ao fim da prova de fogo (cozida). Devorar, digerir e excretar concluíam o processo de consumo. O paradigma da caça e da coleta não é peculiar à economia primitiva.

Basicamente, toda economia — especialmente a economia capitalista — preserva um fundo de primitividade que constitui sua mola oculta e, às vezes, manifesta. A destruição ou liquidação é, aliás, seu momento-chave, sua condição de possibilidade, da mesma forma que a criação de ferramentas, a invenção de novas técnicas e sistemas de organização, os ciclos de acumulação. É o último estágio na ponta da cadeia, antes que o ciclo eventualmente volte a se iniciar.

Argumenta-se que, sob o antigo regime de caça e coleta, assim como nos sistemas econômicos modernos, destruir é incontornável, uma condição para a reprodução da vida social e biológica. Mas dizer destruir ou liquidar significa assinalar antes de mais nada o confronto entre o homem e a matéria — a matéria física e orgânica, a matéria biológica, líquida e fluida, a matéria humana e animal, convertida em carne, ossos e sangue, a matéria vegetal e mineral. Significa também pensar no confronto com a vida — a vida dos homens, a vida da natureza, a vida dos animais e a vida da máquina. No trabalho necessário para a produção da vida — trabalho que inclui também a produção dos símbolos, das linguagens e dos significados. Nos processos pelos quais, capturados pela máquina, os seres humanos são transformados em matéria — a matéria do homem e o homem da matéria. Nas condições de seu perecimento também.

Esse perecimento da vida e da matéria não é equivalente à morte. É um desdobramento para um exterior extremo que chamaremos de *mundo zero*. Nesse mundo zero, nem a matéria nem a vida terminam enquanto tais. Elas não retornam ao nada. Elas só realizam um movimento de saída rumo a outra coisa, sendo o fim sempre adiado e a própria questão da finitude suspensa.

O mundo zero é um mundo cujo futuro é difícil de imaginar, justamente porque o tempo de que é tecido dificilmente pode ser captado por meio das categorias tradicionais do presente, do passado e do futuro. Nesse mundo de escombros e de tons crepusculares, o tempo oscila constantemente entre seus diferentes segmentos.

Vários tipos de trocas conjugam termos que estamos acostumados a contrapor. O passado está no presente. Não necessariamente o redobra. Mas ora nele se refracta, ora se imiscui em seus interstícios, isso quando não volta simplesmente à superfície do tempo, que acossa com sua monotonia, que tenta saturar, tornar ilegível. O carrasco está na vítima. O imóvel está no movimento. A fala está no silêncio. O início está no fim e o fim está no meio. E tudo, ou quase tudo, é entrelaçamento, impermanência, dilatação e contração.

É também um mundo que carrega em sua carne e em suas veias os entalhes da máquina. Fendas, abismos e túneis. Lagos de crateras. A cor ora ocre, ora vermelho laterítico, ora acobreada de tom terroso. Os cortes, os estratos, a sobreposição, o jogo de profundidades. O azul pungente das águas calmas que nenhuma onda agita, como se já estivessem mortas. A estrada que ladeia o escarpamento nessa paisagem lunar. Homens-formigas, homens-cupins, homens vermelhos de laterito, que à picareta escavam rente à encosta; que se enfiam nesses túneis da morte; que, num gesto de autoenterro, conjugam corpo e cor com esses sepulcros de onde extraem o minério. Eles vêm e vão, como formigas e cupins, carregando na cabeça ou nas costas o peso da carga, com o corpo e os pés na lama. E, na superfície, altos-fornos e chaminés e, em seguida outeiros, dos quais não se sabe se são pirâmides, mausoléus ou este dentro daquela.

Algo, obviamente, foi arrancado do chão e moído ali, nas entranhas da máquina. Máquina dentada. Máquina-intestino--grosso. Máquina-ânus-que-engole-e-mastiga-e-digere-a-rocha, deixando para trás vestígios de sua monumental defecação. Ao mesmo tempo, um amontoado de ferro e aço. Tijolos vermelhos, galpões abandonados, desmantelados peça por peça e postos a descoberto por homens-formigas, homens-cupins. Oficinas que se mantêm em pé, adornadas por sua sucata e semelhantes a um campo de esqueletos. Enormes máquinas cegas, enferrujadas pelas intempéries, montículos que servem de testemunha de um passado desempregado, que agora é impossível repetir, mas que parece igualmente difícil de esquecer.

Mas a máquina envelheceu e tornou-se trapo, coto, esqueleto, estátua, monumento, monólito, se não espectro. Hoje, esse mundo da máquina que talha, perfura e extrai já desmoronou. Só segue existindo sob o signo da vacuidade. No entanto, em sua verticalidade, a máquina decrépita continua a dominar o cenário, pairando sobre ele com sua massa e sua marca, numa espécie de poder a um só tempo fálico, xamânico e diabólico — o arquitraço em sua pura faticidade. A fim de captar esse triplo poder fálico, xamânico e diabólico, o artista traz ao *palco* várias figuras da sombra, testemunhas sem testemunho, figuras-epitáfios de uma época que tarda em desaparecer.

Nesse teatro da aparição, homens agrilhoados, cativos de pés descalços; trabalhadores forçados, carregadores; gente seminua, com o olhar atordoado emergem da noite das caravanas escravagistas e dos trabalhos forçados na colônia. Eles nos convidam a reviver a cena traumática, como se o pesadelo de ontem de repente se repetisse, se reproduzisse na realidade do presente. Cabe a eles fazer que falem novamente, e nesse palco que só parece ter sido abandonado, uma língua, uma voz e palavras que dão a impressão de terem sido caladas, reduzidas ao silêncio, como a voz do escravo.

Antimuseu

Por "escravo" se entende um termo genérico que abrange diversas situações e contextos que foram amplamente descritos por historiadores e antropólogos. O complexo escravagista atlântico, no coração do qual se encontra o sistema da *plantation* no Caribe, no Brasil ou nos Estados Unidos, foi um elo evidente na constituição do capitalismo moderno. Esse complexo atlântico não produziu nem o mesmo tipo de sociedades nem os mesmos tipos de escravos que o complexo islâmico-transaariano. E se há algo que distingue os regimes da escravidão transatlântica das formas autóctones de escravidão nas sociedades africanas pré-coloniais, é definitivamente o fato de que essas jamais foram capazes de extrair de seus cativos uma mais-valia comparável à que era obtida no Novo Mundo.

Estamos, pois, particularmente interessados no escravo do Novo Mundo, cuja especificidade era ser uma das engrenagens essenciais de um processo de acumulação em escala global.

Sendo assim, não é desejável que essa figura — ao mesmo tempo estrume e lodo da história — entre no museu. Além disso, não existe museu nenhum capaz de acolhê-lo. Até hoje, a maioria das tentativas de encenar a história da escravidão transatlântica nos museus existentes brilhou pela vacuidade. O escravo figura ali, na melhor das hipóteses, como o apêndice de outra história, uma citação no final de uma página dedicada a outra pessoa, outros lugares, outras coisas. De resto, assim que o escravo realmente entrasse no museu tal como existe hoje, o museu deixaria automaticamente de ser um museu. Ele chancelaria seu próprio fim e, nesse caso, teria que ser transformado em outra coisa, outro lugar, outro cenário, com outros arranjos, outras designações, até mesmo outro nome.

Pois, apesar das aparências, historicamente o museu nem sempre foi um lugar de acolhimento incondicional para as muitas faces da humanidade, considerada em sua unidade. Pelo contrário, desde a era moderna tem sido um poderoso dispositivo de segregação. A exposição de humanidades subjugadas ou humilhadas sempre obedeceu a algumas regras elementares de ferimento e violação. E, desde logo, essas humanidades nunca tiveram ali o mesmo tratamento, estatuto e dignidade que as humanidades conquistadoras. Sempre estiveram sujeitas a outras regras de classificação e outras lógicas de apresentação. A essa lógica da segregação, ou da triagem, sempre se acoplou a da atribuição. A convicção primordial é que, tendo diferentes formas de humanidades produzido diferentes objetos e diferentes formas de culturas, essas deveriam ser alojadas e exibidas em lugares distintos, dotados de estatutos simbólicos diversos e desiguais. A entrada do escravo num museu desses consagraria duplamente o espírito do apartheid que está na origem desse culto à diferença, à hierarquia e à desigualdade.

Aliás, uma das funções do museu também seria a produção de estátuas, múmias e fetiches — justamente objetos privados de seu sopro vital e entregues à inércia da matéria. Estatuificação, mumificação e fetichização estão em consonância com a lógica de segregação mencionada antes. No caso em questão, geralmente não se trata de oferecer paz e repouso ao signo que há muito teria acolhido a forma. O espírito por trás da forma fora anteriormente caçado, como no caso dos crânios recolhidos por ocasião das guerras de conquista e "pacificação". A fim de conquistar seu lugar de direito no museu tal como existe hoje, o escravo precisaria que, a exemplo de todos os objetos primitivos que o precederam, sua força e sua energia primordial fossem desenleadas. A ameaça que essa figura-estrume e essa figura-lodo poderiam representar, ou seu potencial escandaloso, seria domada, um prerrequisito para sua exposição. Desse ponto de vista, o museu é um espaço de neutralização e domesticação de forças que, antes de sua museificação, estavam vivas — fluxos de potência. Essa continua a ser a essência de sua função cultual, particularmente nas sociedades descristianizadas do Ocidente. É possível que essa função (que também é política e cultural) seja necessária para a própria sobrevivência da sociedade, assim como o é a função do esquecimento na memória.

Mas, justamente, seria necessário preservar no escravo seu poder de escandalizar. Paradoxalmente, esse poder deriva do fato de que é um escândalo que nos recusamos a reconhecer como tal. Contemplado na recusa a reconhecê-lo como tal está esse escândalo que confere a essa figura da humanidade o seu poder insurrecional. É para preservar nesse escândalo seu poder de escandalizar que aquele escravo não deveria entrar no museu. O que a história da escravidão atlântica nos convida a fazer é fundar a nova instituição que seria o *antimuseu*.

O escravo deve continuar a assombrar o museu tal como existe hoje por meio de sua ausência. Ele deve estar em toda parte e em lugar nenhum, suas aparições sempre sob a forma de invasão e nunca de instituição. É assim que será preservada a dimensão espectral do escravo. Também assim é que se evitará que consequências fáceis sejam extraídas do abominável episódio que foi o tráfico de escravos. Quanto ao antimuseu, não se trata de forma alguma de uma instituição, mas da figura de um lugar diferente, o da hospitalidade radical. Sendo lugar de refúgio, o antimuseu consiste igualmente em um lugar de repouso e de asilo incondicional para todos os refugos da humanidade e para os "condenados da terra", aqueles que testemunham o sistema sacrificial que tem sido a história da nossa modernidade — história essa que o conceito de arquivo se esforça para abarcar.

Autofagia

Por estar vinculado ao passado de maneira indissociável e necessariamente guardar relação com uma história memorial, todo arquivo tem de fato algo de fenda. É a um só tempo sulco, abertura e separação, fissura e fratura, rachadura e disjunção, greta e falha, se não rasgo. Mas o arquivo é acima de tudo um material físsil ao qual é inerente, na sua origem, ser feito de entalhes. Na verdade, não existe arquivo sem suas cesuras. Sempre se entra nele como se uma porta estreita fosse franqueada, na esperança de penetrar em profundidade a espessura do evento e suas cavidades. Penetrar a matéria arquivística implica revisitar vestígios. Mas implica, acima de tudo, escavar rente à encosta. É um esforço arriscado, visto que, em nosso caso, não raro se tratou de criar memória fixando obstinadamente sombras em vez de eventos reais, ou melhor, eventos históricos afogados na força da sombra. Não raro foi preciso desenhar, por cima de traços preexistentes, a silhueta que nos correspondia; lançar mão dos contornos da sombra e tentar nos ver a nós mesmos a partir da sombra, como sombra.

O resultado foi por vezes desconcertante. Eis-nos aqui efetivamente inseridos num quadro a ponto de dar um tiro na cabeça. Mais adiante, convertemo-nos em criança etíope no auge da fome que ceifou milhões de vidas humanas. Estamos prestes a sermos devorados por um carniceiro que outro não é senão nós mesmos. Autofagia, caberia dizer. E isso não é tudo. Negro no Sul dos Estados Unidos durante a era da segregação racial, com a corda ao redor do pescoço, eis-nos aqui pendurados na árvore, sozinhos, sem testemunhas, à mercê dos abutres. Nós nos esforçamos para encenar uma infigurabilidade que queremos apresentar como constitutiva, se não da nossa pessoa, ao menos do nosso personagem. Por intermédio de todos esses gestos, transpomos de maneira alegre o tempo e as identidades, extirpamos a história e nos colocamos firmemente de ambos os lados do espelho. Ao fazer isso, não buscamos apagar esses vestígios anteriores. Procuramos sitiar o arquivo, grampeando por cima desses vestígios do passado nossas múltiplas silhuetas. Pois, deixado por conta própria, o arquivo não necessariamente gera visibilidade. O que o arquivo produz é um dispositivo especular, uma alucinação fundamental e que gera a realidade. Ora, os dois fantasmas originais que criam a realidade são indubitavelmente a raça e o gênero. E ambos estiveram fortemente envolvidos nos processos que levaram à nossa racialização.

Esse é, em especial, o caso do corpo da negra. Para abarcar o significado disso, talvez seja importante lembrar que ser negro é ser colocado pela força das coisas do lado daqueles que não são vistos, mas que, no entanto, sempre se está autorizado a representar. Não vemos os negros — e especialmente as negras — porque acreditamos que não há nada para ver e que, no fundo, não temos nada a ver com eles. Eles não são dos nossos. Contar histórias a respeito daqueles e daquelas que não vemos, desenhá--los, representá-los ou fotografá-los foi, ao longo da história, um ato de autoridade suprema, a manifestação por excelência da relação sem desejo.

Ao contrário dos corpos negros apanhados pelo furacão do racismo e tornados invisíveis, repugnantes, sangrentos e obscenos pelo olhar colonial, os nossos não sofrem nenhuma escamoteação. Nossos corpos são pudicos sem que o sejam. É esse o caso na poesia de Senghor. Corpos plásticos e estilizados, eles brilham por sua beleza e pelo caráter gracioso de seus lineamentos. Não há nenhuma necessidade de metaforizar isso, mesmo quando estão quase nus, ou quando são colocados em cena sob o signo da sensualidade. Quase atrevido, o poeta procura deliberadamente capturar o momento em que aqueles e aquelas que assumem o risco de olhar para ela não estão mais em guarda.

As imagens de corpos, de corpos negros, convidam na verdade a um vaivém de sentimentos. A quem os observa, eles convidam ora ao jogo da sedução, ora a uma ambiguidade fundamental, quando não à repulsão. A pessoa que vemos é a mesma exatamente e de todos os ângulos? Olhamos para ela, mas será que realmente a vemos? Qual o significado dessa pele negra com sua superfície untuosa e reluzente? Esse corpo, colocado sob o olhar dos outros, observado por todos os lados, e que se colocou a si mesmo nos corpos dos outros, em que momento ele passa do eu ao status de objeto? No que é que esse objeto sinaliza um prazer proibido?

Por outro lado, e em sentido contrário aos seus traços anteriores, que elas se esforçavam para habitar, ou das quais se esquivar, existem imagens de negras que de modo algum inspiram compaixão. Encarnam, antes de mais nada, uma beleza extraordinária, que, como sugeriu Lacan, ultrapassa os limites daquilo que ele chamava de "zona proibida". É inerente à beleza exercer um efeito apaziguante sobre aquele ou aquela que a experimenta. A dor presente nessas imagens surge como algo secundário. Nada nelas convida a desviar o olhar. Estão longe das imagens hediondas, sangrentas e repugnantes dos linchamentos históricos. Nada de boca escancarada. Nada de rosto contorcido e nada de careta.

Isso porque elas comungam de um movimento íntimo — o trabalho do corpo sobre si mesmo. São ora fotografias, ora imagens especulares, ora efígies, quando não reflexos. Acima de tudo, porém, são ícones indiciais, cuja relação com o sujeito é ao mesmo tempo física (no sentido de que essas imagens são fiéis à aparência objetiva de seu autor) e analógica (no sentido de que são apenas traços indiciais do sujeito). São feitas para capturar quem as observa e forçar esse alguém a baixar as armas. Desse ponto de vista, elas têm algo a ver com o efeito apaziguante que Lacan atribuía à pintura. Longe de desativar o desejo, elas o euforizam, neutralizando e desligando as resistências de quem as observa e acendendo suas fantasias. Do corpo da cor da noite flui uma beleza originária. Trata-se de uma beleza proibida e, por essa razão, geradora de desejos manifestos. Mas também de angústias masculinas. Uma beleza dessas só pode ser castradora. Não pode ser objeto de consumo. Só pode ser objeto de cortesia e casto deleite.

A força das imagens de corpos de negras deriva da sua capacidade de desarmar o arquivo. Por intermédio dessas imagens, as negras aceitam ver-se a si próprias como Outras. Mas chegam elas realmente a se expatriar de si mesmas? Elas fazem seus corpos trabalharem. Mas seja qual for o corpo, ele nunca é inteiramente determinado por si mesmo. Sempre é determinado também pelo Outro, por aquele que o observa, que o contempla, e pelas partes do corpo que são observadas ou oferecidas para serem vistas ou contempladas. É no olhar do Outro que o Ego sempre encontra o seu próprio desejo, ainda que de uma forma invertida.

Ao permitir, assim, que aflore o desejo, inclusive o desejo por si mesmo, mas ao ordená-lo em função de um prazer proibido, não estamos removendo dessas imagens seu poder de significação histórica? Aquilo que originalmente estava destinado a desconstruir a coisa e a criar um novo termo na ordem do arquivo — e, portanto, do significante — não se tornaria assim uma mera autocontemplação, uma hipérbole do Ego? Ao nos expormos dessa forma, não estamos nos observando como os outros nos observam? E quando nos observam, o que veem eles? Será que nos veem como nós nos vemos? Ou estariam eles se fixando, afinal, em uma miragem? Feitas essas considerações, compreendem-se melhor as premissas da crítica afrofuturista. A questão agora é saber se essa crítica pode ser radicalizada e se essa radicalização pressupõe necessariamente o repúdio a qualquer ideia de humanidade. Para Fanon, tal repúdio não é necessário. A humanidade está permanentemente em criação. Sua base comum é a vulnerabilidade, a começar pela do corpo exposto ao sofrimento e à degeneração. Mas a vulnerabilidade é também a do sujeito exposto a outras existências, que eventualmente ameaçam a sua. Sem um reconhecimento recíproco dessa vulnerabilidade, dificilmente haverá espaço para a solicitude e muito menos para o cuidado.

Deixar-se afetar por outrem — ou estar exposto sem armadura a uma outra existência — constitui o primeiro passo rumo a essa modalidade do reconhecimento, que dificilmente se deixará confinar ao paradigma do senhor e do escravo ou à dialética da impotência e da onipotência, ou do combate, da vitória e da derrota. Pelo contrário, o tipo de relacionamento resultante é uma *relação de cuidado*. Assim, reconhecer e aceitar a vulnerabilidade — ou então admitir que viver é sempre viver exposto, inclusive à morte — é o ponto de partida para qualquer elaboração ética cujo objeto seja, em última instância, a humanidade.

Segundo Fanon, essa humanidade em criação é o produto do encontro com "a face do outro", a face que, aliás, "me revela a mim mesmo".[36] Começa com o que Fanon chama de "o gesto", ou seja, "aquilo que torna possível uma relação".[37] De fato, só existe humanidade onde o gesto — e, portanto, a relação de cuidado — é possível; onde nos deixamos afetar pela face do outro; onde o gesto está relacionado a uma fala, a uma linguagem que rompe um silêncio.

36. F. Fanon, *Écrits sur la liberté et l'aliénation*, op. cit., p. 181 [*Alienação e liberdade*, op. cit., p. 315].
37. Ibid., p. 182 [Ibid., p. 316].

Mas nada garante um acesso direto à fala. É possível que, conforme a ocasião, só se possam enunciar, em lugar da fala, gritos roucos e gemidos — a alucinação. É inerente à escravidão ou ao colonialismo fabricar seres de dor, pessoas cuja existência é permanentemente invadida por uma gama de Outros ameaçadores. Parte da identidade desses seres é estarem sujeitos à desdita da constrição, é estarem constantemente expostos à vontade do Outro. Sua fala, na maior parte do tempo, é alucinada. É uma fala que confere importância crucial à brincadeira e à mímica. É uma fala proliferante, que se espraia como um turbilhão. Fala vertiginosa e veemente, ela é, tanto em sua agressividade quanto em sua contestação, "eivada de angústias ligadas a frustrações infantis".[38] Com o processo alucinatório, explica Fanon, assistimos ao colapso do mundo. "Nem o tempo alucinatório nem o espaço alucinatório postulam qualquer pretensão à realidade", pois são um tempo e um espaço "em fuga permanente".[39]

Deixar essas pessoas lesadas falarem consiste em ressuscitar suas capacidades fragilizadas. Nas situações médicas de que trata Fanon, a ressurreição das capacidades fragilizadas passa, conforme a necessidade, pela aniquilação.[40] As sessões de narcose são substituídas pela confrontação direta com a parte clandestina do sujeito, aquela que, velada, se esgueira pelos interstícios da fala, do grito ou do gemido. Essa confrontação agressiva, beirando a violação da personalidade, visa quebrar as defesas, expor em sua radical nudez a parte-dejeto e a parte-escória do sujeito dividido.

---

38. Ibid., p. 373 [Ibid., p. 134].
39. Ibid. [Ibid., pp. 134–135].
40. Ver especialmente os dois artigos "Sur quelques cas traités par la méthode de Bini" e "Indications de la thérapeutique de Bini dans le cadre des thérapeutiques institutionnelles", in ibid., pp. 238–249 [Ed. bras.: "A propósito de alguns casos tratados pelo método de Bini" e "Indicações da terapêutica de Bini no quadro das terapêuticas institucionais", in ibid., pp. 102–117].

Em seguida vem o mergulho num sono profundo, a estrada real para o estágio confusional amnésico. Ao precipitar o sujeito no estágio confusional amnésico, tentamos remetê-lo às suas origens, ao momento de sua "vinda ao mundo", aos primórdios da consciência. À base de eletrochoques e insulinoterapia, ele trilha um caminho inverso, ao encontro de uma situação primitiva, que todo ser humano em algum momento vivenciou — o retorno ao estado de vulnerabilidade absoluta, o vínculo da criança com a mãe, os cuidados higiênicos, a amamentação, as primeiras palavras, os primeiros rostos, os primeiros nomes, os primeiros passos e os primeiros objetos. Assim entendida, a ressurreição é um processo de "dissolução-reconstrução" da personalidade. Seu objetivo final é a redescoberta do eu e do mundo.

Capitalismo e animismo

De resto, só é possível aprofundar a crítica afrofuturista ao humanismo associando-a a uma crítica equivalente ao capitalismo.

Três tipos de pulsões animaram de fato o capitalismo desde suas origens. A primeira foi constantemente fabricar raças, espécies (neste caso, os *negros*); a segunda foi tentar calcular tudo e converter tudo em mercadoria que pudesse ser trocada (a lei do *cambismo generalizado*); e a terceira foi tentar exercer um monopólio sobre a fabricação do vivo enquanto tal.

O "processo civilizador" teria consistido em moderar essas pulsões e em preservar, com diferentes níveis de sucesso, um certo número de separações fundamentais, na ausência das quais o "fim da humanidade" se tornaria uma clara possibilidade — um sujeito não é um objeto; nem tudo pode ser calculado aritmeticamente, vendido e comprado; nem tudo é explorável e substituível; um certo número de fantasias perversas deve necessariamente ser objeto de sublimação para não levar à destruição pura e simples do social.

O neoliberalismo é a era em que esses diques entram em colapso, um após o outro. Já não há certeza de que a pessoa humana seja tão distinta do objeto, do animal ou da máquina. Talvez ela aspire, quanto à matéria de fundo, a se tornar um objeto.[41] Já não há certeza de que a fabricação de espécies e subespécies no seio da humanidade seja um tabu. A abolição dos tabus e a liberação mais ou menos completa das mais diversas pulsões e, em seguida, sua transformação em materiais diversos num processo de acumulação e abstração sem fim representam agora traços fundamentais da nossa época. Esses eventos e muitos outros do mesmo tipo indicam cabalmente que a fusão entre o capitalismo e o animismo está bem encaminhada.

Isso é tanto mais verdade tendo em vista que a matéria-prima da economia já não são realmente os territórios, os recursos naturais e as pessoas humanas.[42] Por certo que territórios, recursos naturais e pessoas humanas ainda são indispensáveis, mas o ambiente natural da economia é hoje o mundo dos processadores e dos organismos biológicos e artificiais. É o universo astral das telas, dos deslizamentos fluidos, dos brilhos e da irradiação. É também o mundo dos cérebros humanos e dos cálculos automatizados, do trabalho com instrumentos de dimensões cada vez menores, cada vez mais miniaturizados.

Nessas condições, produzir negros não consiste mais exatamente na fabricação de um vínculo social de sujeição ou de um *corpo de extração*, ou seja, um corpo inteiramente exposto à vontade de um senhor e do qual todo o esforço seria feito para obter a máxima rentabilidade. Por outro lado, se ontem o negro era o

---

41. Hito Steyerl, "A Thing Like You and Me", *e-flux*, n. 15, 2010.
42. Joseph Vogl, *Le Spectre du capital*. Paris: Diaphanes, 2013.

ser humano de origem africana marcado pelo sol da sua aparência e pela cor de sua pele, já não é necessariamente esse o caso hoje. Assistimos agora a uma tendência de universalização da condição que antes era reservada aos negros, mas sob a forma da inversão. Essa condição consistia na redução da pessoa humana a uma coisa, a um objeto, a uma mercadoria que se pudesse vender, comprar ou possuir.

A produção de "sujeitos raciais" prossegue, é claro, mas sob novas modalidades. O negro de hoje já não é apenas a pessoa de origem africana, marcada pelo sol da sua cor (o "negro de superfície"). O "negro de fundo" de hoje é uma categoria subalterna da humanidade, um *tipo de humanidade* subalterna, essa parte supérflua e quase excedente de que o capital dificilmente precisará e que parece estar condenada ao zoneamento e à expulsão.[43]

Esse "negro de fundo", esse tipo de humanidade surge no cenário mundial numa época em que, mais do que nunca, o capitalismo se institui na forma de uma religião animista, enquanto o homem de carne e osso de outrora dá lugar a um novo homem-fluxo, digital, infiltrado de todos os lados pelos mais variados órgãos sintéticos e próteses artificiais. O "negro de fundo" é o Outro dessa humanidade informática, nova figura da espécie e tão típica da nova era do capitalismo, ao longo da qual a autorreificação representa a melhor chance de capitalização de si mesmo.[44]

Por fim, se o desenvolvimento acelerado das técnicas de exploração massiva dos recursos naturais fazia parte do antigo projeto de matematização do mundo, esse projeto em si visava, em última análise, um único objetivo, a administração dos vivos, que hoje tende a operar em um modo essencialmente digital.[45] Na era tecnotrônica, o ser humano surge cada vez mais sob a forma

43. Saskia Sassen, *Expulsions. Brutality and Complexity in the Global Economy*. Cambridge: Harvard University Press, 2014.
44. A. Mbembe, *Critique de la raison nègre*, op. cit. [*Crítica da razão negra*, op. cit.].
45. É. Sadin, op. cit.

de fluxos, de códigos cada vez mais abstratos, de entidades cada vez mais fungíveis. A ideia sendo que tudo agora pode ser fabricado, inclusive a vida, acredita-se que a existência é um capital a ser gerido e o indivíduo é uma partícula dentro de um dispositivo; ou então uma informação que deve ser traduzida em um código conectado a outros códigos, segundo uma lógica de abstração continuamente crescente.

Nesse universo de megacálculos, está despontando um outro regime de intelecção, que, sem dúvida, deve ser caracterizado como antropomaquínico. É, portanto, a uma nova condição humana que estamos passando. A humanidade está em vias de sair da grande divisão entre o homem, o animal e a máquina que tanto caracterizou o discurso sobre a modernidade e o humanismo. O ser humano de hoje está firmemente vinculado ao seu animal e à sua máquina, a um conjunto de cérebros artificiais, replicações e triplicações que formam o substrato da ampla digitalização da sua vida.

Sendo assim, e ao contrário dos senhores de antanho, os senhores de hoje não precisam mais de escravos. Tendo os escravos se tornado um fardo pesado demais para ser carregado, os senhores procuram acima de tudo se livrar deles. O grande paradoxo do século XXI é, portanto, o surgimento de uma classe cada vez maior de escravos sem senhores e de senhores sem escravos. É claro que tanto os seres humanos quanto os recursos naturais continuam a ser espremidos para alimentar os lucros. Essa reviravolta é lógica, afinal, tendo em vista que o novo capitalismo é acima de tudo especular.

Tendo compreendido isso, os antigos senhores buscam agora se livrar de seus escravos. Sem escravos, consideram eles, não haveria possibilidade de revolta. Acredita-se que, para estancar na raiz as potencialidades insurrecionais, basta liberar o potencial mimético dos escravizados. Enquanto os recém-libertos gastarem suas energias tentando se tornar os senhores que nunca serão, as coisas nunca poderão ser de outra forma do que são. A repetição do mesmo, o tempo todo e em todo lugar, será a regra.

Emancipação dos vivos

Restam ainda a abordar os futuros do racismo dentro de uma configuração dessas. Historicamente, pelo menos nas colônias de povoamento ou nos estados escravagistas, o racismo sempre serviu de *subsídio* ao capital. Era essa a sua função outrora. Classe e raça se constituíam mutuamente. Pertencia-se, em geral, a uma determinada classe em virtude da raça, e, por sua vez, o pertencimento a uma determinada raça determinava as oportunidades de mobilidade social e de acesso a um ou outro estatuto específico. A luta de classes era inseparável da luta de raças, por mais que ambas as formas de antagonismo fossem movidas por lógicas não raro autônomas.[46] O processo de racialização envolvia, inevitavelmente, práticas discriminatórias. A raça permitia naturalizar as diferenças sociais e confinar as pessoas indesejadas dentro de quadros dos quais eram impedidas de sair, pelo direito ou mesmo pela força.

Hoje, surgem novas variedades de racismo que não precisam mais recorrer à biologia para se legitimar. Basta-lhes, por exemplo, apelar para a caça aos estrangeiros; proclamar a incompatibilidade das "civilizações"; argumentar que não pertencemos à mesma humanidade; que as culturas são incomensuráveis; ou que qualquer deus que não seja o da própria religião é um deus falso, um ídolo que convida ao sarcasmo ou que pode, em vista disso, ser profanado sem reservas.

Nas atuais condições de crise do Ocidente, esse tipo de racismo representa um suplemento do nacionalismo, num mo-

---

46. Cedric J. Robinson, *Black Marxism. The Making of the Black Radical Tradition*. Chapel Hill: University of North Carolina Press, 1983.

mento em que, além do mais, a globalização neoliberal esvazia de qualquer conteúdo real o nacionalismo, ou até mesmo a democracia propriamente dita, e desloca para bem longe os verdadeiros centros decisórios. Além disso, os avanços recentes nos campos genético e biotecnológico confirmam a ideia de que o conceito de raça carece de sentido. De maneira paradoxal, longe de dar um novo impulso à ideia de um mundo sem raças, isso vem dando um impulso completamente inaudito ao velho projeto de classificação e diferenciação tão típico dos séculos anteriores.

Está em curso, portanto, um complexo processo de unificação do mundo, no contexto de uma expansão sem fronteiras (embora desigual) do capitalismo. Esse processo anda de mãos dadas com a reinvenção das diferenças, uma rebalcanização desse mesmo mundo e sua partição de acordo com uma variedade de linhas de segregação e de inclusões disjuntivas. Essas linhas são tanto internas às sociedades e aos estados quanto verticais, na medida em que traçam novas linhas de partilha da dominação em escala global. A globalização do apartheid seria, assim, o futuro imediato do mundo, no exato momento em que a consciência da finitude do sistema terrestre nunca foi tão vívida e a imbricação da espécie humana com outras formas de vida nunca foi tão manifesta.

Como, então, colocar em novos termos a questão da liberação do potencial de emancipação dos escravizados nas condições concretas do nosso tempo? O que significa construir-se a si mesmo, traçar o próprio destino ou moldar-se a si mesmo num momento em que o "homem" não é mais do que uma força entre tantas outras entidades dotadas de poderes cognitivos que talvez ultrapassem em breve os nossos? O que isso significa neste momento em que a figura humana, cindida em múltiplos fragmentos, precisa lidar com um emaranhado de forças artificiais, orgânicas, sintéticas e até geológicas? Será suficiente desqualificar o velho conceito de humanismo abstrato e indiferenciado, cego à sua própria violência e às suas paixões racistas? E quais são os limites para a invocação de uma pretensa "espécie humana", que só redescobriria sua relação consigo mesma por estar exposta ao risco de sua própria extinção?

Por outro lado, como favorecer, nas condições atuais, o surgimento de um pensamento capaz de contribuir para a consolidação de uma política democrática em escala global, um pensamento muito mais das complementaridades que das diferenças? Estamos de fato atravessando um período estranho na história da humanidade. Um dos paradoxos do capitalismo contemporâneo é que ele simultaneamente cria tempo e cancela-o. Esse duplo processo de criação, de aceleração e de detonação do tempo tem efeitos devastadores na nossa capacidade de "gerar memória", ou seja, basicamente, de construirmos juntos espaços de decisão coletiva, de experimentarmos uma vida democrática de verdade. No lugar da memória, decuplicamos nossa capacidade de contar histórias, todos os tipos de histórias. Mas são, cada vez mais, histórias obsessivas, cujo objetivo é evitar que tomemos consciência de nossa condição.

O que é essa nova condição? A esperança de uma possível vitória sobre o senhor já não existe mais. Não aguardamos mais pela morte do senhor. Não acreditamos mais que ele seja mortal. Como o senhor não é mais mortal, só nos resta uma ilusão, a de fazermos nós mesmos parte do senhor. Não resta mais que um só desejo, que vivemos cada vez mais nas telas, a partir das telas. O novo cenário é a tela. A tela não busca somente abolir a distância entre a ficção e a realidade. Ela se tornou geradora de realidade. Ela faz parte das condições do século.

Em quase todos os lugares, inclusive nos velhos países que a reivindicam há muito tempo, a democracia está em crise. Sem dúvida alguma, ela enfrenta, mais do que nunca, enormes dificuldades para reconhecer à memória e à fala seu pleno e integral valor como fundamentos de um mundo humano que teríamos em partilha, em comum, e de cujo espaço público teríamos que cuidar.

A fala e a linguagem são evocadas não só pelo seu poder de revelação e pela sua função simbólica, mas, sobretudo, pela sua materialidade. Há, de fato, em todo sistema verdadeiramente democrático, uma materialidade da fala que deriva do fato de que, no fundo, só temos a fala e a linguagem para expressarmos a nós mesmos, para exprimir o mundo e atuar sobre ele. Mas a fala e a linguagem se tornaram ferramentas, nano-objetos e tecnologias. Tornaram-se instrumentos que, absorvidos em um ciclo de reprodução infinita, não param de se autoinstrumentar. Como resultado, o fluxo incessante de eventos que atingem nossas consciências dificilmente se inscreve em nossas memórias como história. Isso porque os acontecimentos só se inscrevem na memória como história em decorrência de um trabalho específico, tanto psicológico quanto social, em suma simbólico, e esse trabalho dificilmente será realizado pela democracia nas condições tecnológicas, econômicas e políticas da nossa civilização.

Essa crise na relação entre democracia e memória é agravada pela dupla injunção sob o signo da qual vivemos nossas vidas: a injunção da matematização do mundo e do instrumentalismo, pela qual somos levados a acreditar que os seres humanos que somos são, de fato, unidades numéricas e não seres concretos; que o mundo é basicamente um conjunto de situações-problema a serem resolvidas; e que as soluções para essas situações-problema devem ser encontradas por especialistas da economia experimental e da teoria dos jogos, a quem, aliás, devemos deixar a preocupação de decidir por nós.

Finalmente, o que se pode dizer da confluência entre capitalismo e animismo? Como nos lembra o antropólogo Philippe Descola, o animismo foi definido no final do século XIX como uma crença primitiva. Os primitivos, pensava-se, imputavam a coisas inanimadas uma força e um poder quase misteriosos. Acreditavam que as entidades naturais e sobrenaturais não humanas, como animais, plantas ou objetos, tinham alma e intenções semelhantes às dos humanos. Essas existências não humanas eram dotadas de um espírito com o qual os seres humanos podiam entrar em comunicação ou então com o qual podiam manter laços muito estreitos. Nisso, os primitivos eram diferentes de nós. Pois, ao contrário dos primitivos, tínhamos consciência da diferença entre nós e os animais. O que nos separava dos animais e das plantas era o fato de que, enquanto sujeitos, possuíamos uma interioridade, uma capacidade de autorrepresentação, intenções que nos eram inerentes.

Essa confluência pode ser vista no renascimento contemporâneo de uma ideologia neoliberal que fabrica as mais variadas ficções. É o caso desta ficção de um homem neuroeconômico: indivíduo estrategista, frio, calculista, internalizando as normas do mercado e regulando sua conduta como em um jogo de economia experimental, instrumentalizando-se a si mesmo e aos outros para otimizar seus ativos de prazer e cujas competências emocionais seriam geneticamente predeterminadas. Nascida no cruzamento das ciências econômicas e das neurociências, essa ficção leva à liquidação do sujeito trágico da psicanálise e da filosofia política — sujeito dividido, em conflito consigo mesmo e com os outros e, apesar disso, ator de seu próprio destino, por meio da narrativa, da luta e da história.

_CONCLUSÃO

A ÉTICA DO PASSANTE

O século XXI se abre com uma confissão, a da extrema fragilidade de todos. E do todo. A começar pela ideia do "Todo-Mundo", da qual recentemente Édouard Glissant se fez o poeta. A condição terrena nunca foi exclusividade dos humanos. Virá a sê-lo ainda menos amanhã do que o fora até ontem. A partir de agora, só existirá poder fissurado, dividido entre diversos núcleos. Representará essa fissão do poder uma chance para a experiência humana da liberdade ou nos levará ao limite da disjunção?

Diante da extrema vulnerabilidade, muitos são tentados pela repetição do original e outros são atraídos para o vazio. Tanto uns quanto outros acreditam que o reengendramento passará pela radicalização da diferença, e a salvação, pela força da destruição.

Eles acreditam que preservar, conservar e salvaguardar é, daqui em diante, o horizonte, a própria condição do existir, num momento em que tudo, uma vez mais, se resolve pela espada. Nem mesmo a própria política está livre da ameaça de abolição.

As democracias, por sua vez, estão constantemente sendo exauridas e mudando de regime. Sem que lhes tenha restado por objeto nada além de fantasias e acidentes, tornaram-se imprevisíveis e paranoicas, poderes anárquicos sem símbolos, significado ou destino. Privadas de justificativa, só lhes resta a ornamentação.

De agora em diante, nada é inviolável; nada é inalienável e nada é imprescindível. Exceto talvez, e por ora, a propriedade.

Nessas condições, pode ser que, no fundo, não se seja cidadão de nenhum Estado em particular. Os países que nos viram nascer, nós os carregamos no nosso âmago mais profundo, seus rostos, suas paisagens, suas multiplicidades caóticas, seus rios e montanhas, suas florestas, suas savanas, suas estações, os cantos dos pássaros, os insetos, o ar, o suor e a umidade, a lama, o barulho das cidades, o riso, a desordem e a indisciplina. E a estupidez.

Mas, à medida que caminhamos, esses países também se tornam incógnitos para nós, e agora talvez seja apenas em contraluz que tenhamos a chance de olhar para eles.

E ainda assim, há dias em que nos pegamos cantando seu nome em silêncio, querendo trilhar novamente os caminhos da nossa infância, nessas terras que nos viram nascer e das quais acabamos por nos afastar, sem que nunca as tivéssemos conseguido esquecer, sem que nunca delas tivéssemos conseguido nos desprender de uma vez por todas, sem que elas nunca tivessem deixado de nos preocupar. Como Fanon, que, em plena guerra da Argélia, se recordava da Martinica, sua ilha natal.

Seria essa rememoração, que é ao mesmo tempo distanciamento, esse autodespojamento, o preço a pagar por viver e pensar livremente, quer dizer, a partir de uma certa privação, de um certo desprendimento, na posição de alguém que não tem nada a perder, uma vez que, em certa medida, já de início desistiu de possuir o que quer que fosse, ou então já perdeu tudo ou quase tudo?

Mas por que seria preciso que uma relação tão estreita unisse dessa forma a liberdade, a capacidade de pensar e a renúncia a toda forma de perda — e, portanto, uma certa ideia de cálculo e de gratuidade?

Quanto a perder tudo ou quase tudo — ou melhor, quanto a se desprender de tudo ou renunciar a tudo ou quase tudo —, será essa a condição para ganhar algo de serenidade neste mundo e nesta era de turbulências, em que, muitas vezes, o que se tem não vale o que se é e o que se ganha só mantém de longe um vínculo com aquilo que se perde?

Além disso, desligar-se de tudo ou quase tudo, renunciar a tudo ou quase tudo, significa que dali em diante se passa a ser de "lugar nenhum", não se responde mais a nada nem se atende por nome nenhum?

E então, o que é liberdade, se não se pode realmente romper com este acidente que é o fato de nascer em algum lugar — o vínculo de carne e osso, a dupla lei do solo e do sangue?

Como é que esse acidente indica de forma tão irrevogável quem somos, como somos percebidos e por quem os outros nos tomam? Por que é que determina de forma tão decisiva aquilo a que temos direito, nós e só depois o resto — a soma total das provas, documentos e justificações que temos de fornecer sempre que se espera ter o que quer que seja, a começar pelo direito de existir, o direito de estar ali aonde a vida afinal nos conduziu, passando pelo direito de circular livremente?

Atravessar o mundo, tomar a medida do acidente que representa o nosso lugar de nascimento e seu peso em termos de arbitrariedade e constrição, abraçar o fluxo irreversível que é o tempo da vida e da existência, aprender a assumir nosso estatuto de passantes, pois essa talvez seja a condição última de nossa humanidade, o alicerce a partir do qual criamos a cultura — essas talvez sejam, no fim das contas, as questões mais intratáveis do nosso tempo, as que Fanon nos legou em sua farmácia, *a farmácia do passante*.

Na verdade, são poucos os termos repletos de tantos significados quanto "passante".

Já de saída, essa palavra contém várias outras, a começar por "passo" — ao mesmo tempo instância negativa (o que não existe ou ainda não existe, ou que só existe por sua ausência) e ritmo, cadência, ou mesmo velocidade, o percurso de uma corrida ou caminhada, de um deslocamento, aquilo que é (está em) movimento. Há em seguida, como em seu avesso, "passado" — o passado, não como um traço do que já aconteceu, mas o passado em vias de suceder, como o podemos apreender no momento da irrupção, no próprio ato pelo qual ele sucede, no exato momento em que, surgindo como se através de uma fenda, ele se esforça para nascer no sucedido, para se tornar sucedido.

Há em seguida o "passante", essa figura de "outro lugar", pois o passante só passa justamente porque, vindo de outro lugar, está a caminho de outros céus. Está de "passagem" — e por isso nos obriga a acolhê-lo, pelo menos momentaneamente.

Mas há também "passador" e, mais ainda, "passagem" e "passageiro". Será que o passante é tudo isso ao mesmo tempo, o veículo, a ponte ou a passarela, as pranchas que recobrem a fileira de barrotes de um navio, aquele que, tendo suas raízes em outro lugar, está de passagem por algum lugar onde reside temporariamente, prestes a voltar para casa quando chegar a hora? O que aconteceria, porém, se ele jamais retornasse e se, por acaso, prosseguisse em seu caminho, indo de um lugar a outro, refazendo seus passos se necessário, mas sempre na periferia de seu lugar de origem, sem contudo pretender ser "refugiado" ou "migrante", e muito menos "cidadão" ou nativo, o homem de estirpe?

Ao evocar a propósito da nossa época a figura do passante, o caráter fugidio da vida, não estamos exaltando nem o exílio e o refúgio, nem a fuga, nem o nomadismo.

Tampouco celebramos um mundo boêmio e sem raízes.

Nas condições atuais, tal mundo simplesmente inexiste. Em vez disso, procuramos convocar, como se tentou fazer ao longo deste ensaio, a figura de uma pessoa que se esforçou para trilhar um caminho escarpado, que foi embora, deixou seu país, viveu em outro lugar, no exterior, em lugares dos quais fez um lar autêntico, ligando assim seu destino ao daqueles que o acolheram e reconheceram no dele o seu próprio rosto, o de uma humanidade por vir. Devir-humano-no-mundo não é uma questão nem de nascença, nem de origem, nem de raça. É uma questão de jornada, circulação e transfiguração.

O projeto de transfiguração exige do sujeito que abrace de maneira consciente a parte fragmentada de sua própria vida; que se sujeite a desvios e confluências por vezes improváveis; que opere nos interstícios, se quiser dar expressão comum às coisas que normalmente dissociamos. Fanon se enfiou em cada um desses lugares, não sem uma reserva de distância e de espanto, a fim de assumir plenamente a cartografia instável e movediça em que se encontrava. Chamava de "lugar" qualquer experiência de encontro com os outros que abria caminho para uma consciência de si mesmo, não necessariamente como indivíduo singular, mas enquanto lampejo seminal de uma humanidade mais ampla, a debater-se com a fatalidade de um tempo que nunca para, cujo principal atributo é transcorrer — a passagem por excelência.

Mas dificilmente se pode habitar um lugar sem se deixar habitar por ele. Habitar um lugar, porém, não é a mesma coisa que pertencer a esse lugar. Nascer no próprio país de origem decorre de um acidente, que nem por isso isenta o sujeito de nenhuma responsabilidade.

De resto, o nascimento em si nada encerra de secreto. Tudo o que ele oferece é a ficção de um mundo que passou apesar de todas as nossas tentativas de associá-lo a tudo o que veneramos — o costume, a cultura, a tradição, os rituais, o conjunto de máscaras com que todos nos paramentamos.

Em última análise, não pertencer a nenhum lugar que lhe seja ínsito é o que é "ínsito ao ser humano", pois o ser humano, como um composto de outros seres vivos e de outras espécies, pertence a todos os lugares conjuntamente.

Aprender a passar constantemente de um lugar a outro é o que, portanto, deve ser seu projeto, pois, seja como for, é esse o seu destino.

Mas passar de um lugar a outro é também forjar com cada um deles um duplo vínculo de solidariedade e de desapego. Essa experiência de presença e distância, de solidariedade e desprendimento, mas nunca de indiferença — chamemo-la de ética do passante. É uma ética que diz que é só se afastando de um lugar que melhor se pode nomeá-lo e habitá-lo.

Não será a capacidade de ficar e circular livremente uma condição *sine qua non* para compartilhar o mundo, ou para aquilo que Édouard Glissant chamou de "relação global"? Como poderia vir a ser a pessoa humana para além do acidente do nascimento, da nacionalidade e da cidadania?

Queríamos poder responder a todas essas perguntas de forma exaustiva. Mas que nos baste observar que o pensamento que há de vir será necessariamente um pensamento da passagem, da travessia e da circulação. Será um pensamento da vida que transcorre; da vida que passa e que nos esforçamos para traduzir em acontecimento. Será um pensamento não do excesso, mas do excedente, ou seja, daquilo que, por ser inestimável, deve se eximir do sacrifício, do dispêndio e da perda.

Para articular tal pensamento, também será necessário reconhecer que a Europa, que tanto deu ao mundo e que dele tanto tirou em contrapartida, muitas vezes pela força e pela astúcia, já não é o seu centro de gravidade. Não se trata mais de ir buscar lá soluções para as questões que aqui nos são colocadas. Ela não é mais a farmácia do mundo.

Mas dizer que não é mais o centro de gravidade do mundo significa que o arquivo europeu está esgotado? Aliás, esse arquivo foi realmente o produto apenas de uma história particular? Tendo em vista que a história da Europa por muitos séculos se confundiu com a história do mundo e que a história do mundo, por sua vez, se confundiu com a história da Europa, não implica que esse arquivo não pertence apenas à Europa?

Como o mundo não tem mais uma farmácia única, trata-se então, verdadeiramente, de habitar todos os seus setores, se quisermos nos livrar da relação sem desejo e do perigo da sociedade da inimizade. Partindo de uma multiplicidade de lugares, trata-se então de atravessá-los da forma mais responsável possível, como os titulares de direitos que todos somos, mas numa relação plena de liberdade e, sempre que necessário, de desapego. Nesse processo, que envolve a tradução, mas também conflitos e mal-entendidos, algumas questões se resolverão por si sós. Surgirão então, com relativa clareza, exigências, se não de uma possível universalidade, pelo menos de uma ideia da Terra como algo que nos é comum, nossa condição comum.

Essa é uma das razões pelas quais é quase impossível sair incólume de uma leitura de Frantz Fanon. É difícil lê-lo sem ser interpelado por sua voz, sua escrita, seu ritmo, sua linguagem, suas sonoridades e ressonâncias vocais, seus espasmos, suas contrações e, acima de tudo, seu fôlego.

Na era da Terra, precisaremos realmente de uma linguagem que incessantemente penetre, perfure e escave como uma broca, capaz de se fazer projétil, uma espécie de sólido absoluto, de vontade que perscruta sem cessar o real. Sua função não será apenas explodir barreiras, mas também salvar a vida diante do desastre que está à espreita.

Cada fragmento dessa linguagem terrestre estará enraizado nos paradoxos do corpo, da carne, da pele e dos nervos. Para escapar à ameaça de fixação, de confinamento e de estrangulamento, bem como à ameaça de dissociação e mutilação, a linguagem e a escrita terão que se projetar constantemente para o infinito exterior e lutar para afrouxar o cerco que ameaça sufocar a pessoa subjugada e seu corpo de músculos, pulmões, coração, pescoço, fígado e baço, o corpo aviltado, formado por múltiplas incisões, corpo divisível, dividido, em luta contra si mesmo, formado por vários corpos que se chocam dentro de um mesmo corpo — de um lado, o corpo do ódio, um fardo abominável, um falso corpo de abjeção sobrecarregado de indignidade, e, de outro, o corpo original, mas arrebatado por outrem, depois desfigurado e abominado, e que é preciso literalmente ressuscitar, num ato de verdadeira gênese.

Trazido à vida e, nessa condição, diferente do corpo decaído da existência colonizada, esse novo corpo será convidado a tornar-se membro de uma nova comunidade. Desenvolvendo-se de acordo com seu próprio plano, caminhará então com outros corpos e, ao fazê-lo, recriará o mundo.

É por isso que, com Fanon, nós nos dirigiremos a ele nesta derradeira prece:

"Ó meu corpo, faz sempre de mim um homem que questiona!"[1]

---

1. F. Fanon, *Peau noire, masques blancs*, op. cit., p. 251 [*Pele negra, máscaras brancas*, op. cit., p. 225].

Dados Internacionais de Catalogação na Publicação (CIP) de acordo com ISBD

M478p   Mbembe, Achille

        Políticas da inimizade / Achille Mbembe ; traduzido por Sebastião Nascimento. - São Paulo, SP : N-1 edições, 2020.
        216 p. ; 14cm x 21cm.

        Tradução de: Politiques de l'inimitié
        ISBN 978-65-86941-17-3

        1. Filosofia. 2. Achille Mbembe. I. Nascimento, Sebastião. II. Título.

2020-2526   CDD 100
                                                                              CDU 1

Elaborado por Vagner Rodolfo da Silva - CRB-8/9410

Índice para catálogo sistemático:

1. Filosofia 100
2. Filosofia 1